Schatz, machst du mir ein Schokoladenbrot?

Haftungsausschluss
Alle Angaben in diesem Buch wurden von den Autorinnen nach bestem Wissen erstellt und gemeinsam mit dem Verlag mit größtmöglicher Sorgfalt überprüft. Dennoch lassen sich (im Sinne des Produkthaftungsrechts) inhaltliche Fehler nicht vollständig ausschließen. Die Angaben verstehen sich daher ohne jegliche Verpflichtung oder Garantie seitens der Autorinnen oder des Verlages. Autorinnen und Verlag schließen jegliche Haftung für etwaige inhaltliche Unstimmigkeiten sowie für Personen-, Sach- und Vermögensschäden aus.

Grafische Gestaltung: Claire Guigal
Layout: Raphaële Vidaling
Redaktionelle Bearbeitung: Édith Walter

Übersetzung aus dem Französischen: Sönke Horn, Hamburg
Satz: Verlagsservice Rohner, Tegernheim

Im Internet finden Sie unser Verlagsprogramm unter:
www.doerfler-verlag.de

Zur Entstehung dieses Buches

nicole.seeman@laposte.net

»Mami, bevor ich in deinem Bauch war,
was war ich da?«
»Ähm … du …«
»Du brauchst nicht zu antworten,
Mami. Ich weiß schon. Vorher war ich
ein Traum.«
(Félix, 3½ Jahre)

raphaele.vidaling@laposte.net

Diese kleine Anekdote hat sich wirklich so zugetragen und lässt sich auch auf dieses Buch übertragen, das ja zunächst auch nur ein Traum, eine Idee war. Nicole und Raphaële sind keine Profi-Köchinnen, ganz im Gegenteil.

Nicole hat zumindest einige Kochkurse besucht. Unverkennbar ist ihr Hang zu kulinarischen Experimenten und besonderen Spaß macht es ihr, die klassische Küche mit Leckereien ihrer Jugend zu kombinieren.

Raphaële betrachtet sich noch weniger als Profi am Herd. Die ehemalige Literaturdozentin ist heute Schriftstellerin und betätigt sich ab und an als Fotografin. Ihre Favoriten unter den Rezepten sind diejenigen, die durch knallbunte Farben und unerwartete Geschmacksnoten bestechen. Ihre Motivation: Seit ihrer Kindheit träumt sie davon, den Erwachsenen zu beweisen, dass der Satz »Das schmeckt nur Kindern, Erwachsene essen etwas anderes …« ganz und gar nicht stimmen muss.

Um diesen Generationskonflikt zu lösen, haben Nicole und Raphaële die geliebten Nahrungsmittel ihrer Kindheit mehr oder weniger unauffällig in »erwachsenen« Rezepten versteckt – nicht nur, um die (für Kinder nicht nachvollziehbare) Tischregel »Mit dem Essen spielt man nicht!« zu widerlegen.

Mit 3 Jahren haben wir über das ganze Gesicht gestrahlt, wenn es Pfannkuchen gab. Mit 20 Jahren war es noch genauso. Warum also sollten wir heute keine glänzenden Augen bekommen, wenn ihr herrlicher Duft durch die Küche zieht?

Wenn wir uns an unsere Kindheit erinnern, sind es Erinnerungen an die unzähligen Kleinigkeiten, die wir mit großen Augen bestaunt haben, die für Erwachsene oft unbedeutenden Dinge, die wir als Wunder betrachteten und immer wieder mit einem unbeschwerten »Warum nicht?« in die Tat umsetzten. Wie waren wir fasziniert, wenn der Kuchen im Ofen wie durch Zauberhand aufging (von Backpulver haben wir damals noch nichts verstanden). Und wenn er dann duftend auf den Teller kam, fanden wir ihn so schön, dass wir ihn gar nicht anschneiden wollten.

Hätte man dem Chemiker und begeisterten Koch Hervé This, Begründer der Molekulargastronomie, kindliche Neigungen vorwerfen sollen, als er – inspiriert von Boris Vians Pianocktail – seine Maschine für neue Gerichte erfand? Oder muss sich etwa der katalanische Meisterkoch Ferran Adria schämen, weil auf der Speisekarte seines Spitzen-Restaurants »elBulli« Süßigkeiten stehen?

Wir würden uns niemals anmaßen, uns in eine Reihe mit diesen großen Namen zu stellen. Wir sind ja nur Köchinnen aus Leidenschaft. Nichtsdestotrotz begeistert es auch uns, wenn sich eine Kugel Vanilleeis auf einem Teller mit Cola in ein schaumiges Etwas verwandelt; das ist ebenso simpel wie faszinierend. Wenn sich in diese Faszination dann auch noch die Erinnerung an unser erstes Glas Limonade einschleicht, bewegt uns das emotional schon ein wenig.

Und zu guter Letzt macht das bloße Durchblättern von Rezepten aus Kindertagen uns einfach Spaß, weil wir dabei immer wieder den einen oder anderen Schatz aus dem Meer vergangener Erinnerungen fischen. Ganz nach dem Motto: »Weißt du noch, als ...?«

Die berühmte kleine Madeleine

Auszug aus »Unterwegs zu Swann«, dem I. Band von Marcel Prousts Roman »Auf der Suche nach der verlorenen Zeit«, erschienen 1913.

»Ich sehe eine gewisse Vernunft in dem keltischen Glauben, dass die Seelen derjenigen, die wir einst verloren, in irgendwelchen niedrigeren Wesen gefangen sind, in einem Tier, einer Pflanze, einem unbelebten Gegenstand, für uns für immer verloren bis zu dem Tag – der für viele niemals kommen wird –, an dem wir an einem Baum vorübergehen oder uns dem Objekt nähern, das sie gefangen hält. Dann rufen sie uns bebend an, doch sobald wir sie wiedererkennen, ist der Zauber des Moments unwiederbringlich dahin. Von uns befreit, überwinden sie den Tod und kehren ins Leben zurück. Dennoch sind sie stets unserer Vergangenheit verhaftet. Daher ist jeder Versuch vergebens, sie erneut zum Leben zu erwecken, und alle geistige Bemühung erweist sich als nutzlos. Das Vergangene verbirgt sich außer Sichtweite in einem materiellen Objekt (und wird darin für uns fühlbar), dort, wo wir es nicht vermuten. Es hängt vom Zufall ab, ob wir vor unserem Tode auf ein solches Objekt stoßen oder ob wir ihm niemals begegnen.

Seit einigen Jahren schon gab es in Combray nichts mehr, was mich interessierte, außer dem Theater und dem Drama, das die Gesellschaft für mich

bereithielt. An einem Wintertag jedoch, als ich frierend nach Hause kam, schlug mir meine Mutter vor, entgegen meiner Gewohnheit eine Tasse Tee zu trinken. Zunächst lehnte ich ab, doch dann – warum, kann ich nicht mehr sagen – besann ich mich. Sie ließ daraufhin »Petites Madeleines« holen, diese dicklichen, ovalen Sandtörtchen, die aussehen, als seien sie in den gerillten Schalen von Jakobsmuscheln gebacken worden. Vom Trübsinn des Tages ermüdet und von der Aussicht auf ein trauriges Morgen bedrückt, führte ich mechanisch einen Löffel Tee mit einem aufgeweichten Stück Madeleine darin an die Lippen. Der Augenblick, als dieser Schluck Tee, vermischt mit dem Kuchen, meinen Gaumen berührte, ließ mich erzittern und ich war erstaunt über das, was in mir vorging. Ein wunderbares Wohlgefühl hatte von mir Besitz ergriffen, ich war wie entrückt und konnte es nicht ergründen. Mit einem Mal waren all die unsäglichen Wendungen des Lebens ausgelöscht, seine harmlosen Katastrophen, seine illusorische Kürze und auf dieselbe Art, wie Liebe wirkt, war ich erfüllt von einer wertvollen Essenz: Diese Essenz war allerdings nicht bloß in mir, sie war mein ganzes Ich. Ich fühlte mich nicht länger durchschnittlich, beschränkt, sterblich. Woher nur war dieses mächtige Glücksgefühl gekommen? Ich spürte, dass es mit dem Geschmack des Tee und des Kuchens zusammenhing, doch weit darüber hinausging und von ganz anderer Natur war. Woher nur kam dieses Glück? Was bedeutete es? Wie war es zu fassen?

Ich trinke einen zweiten Schluck und finde nichts darin als im ersten und ein dritter Schluck gibt mir noch weniger als der zweite. Es ist Zeit, aufzu-

hören, die Kraft des Tranks lässt nach. Es ist klar, dass die Wahrheit, die ich suche, nicht darin liegt, sondern in mir selbst ... Sicher, was da tief in meinem Innern anschlägt, muss ein Bild sein, eine visuelle Erinnerung, die mit diesem Geschmack verknüpft ist und diesem bis zu meinem Selbst folgt. Doch es verliert sich in der Ferne und bleibt allzu konfus; kaum nehme ich noch den neutral gewordenen Spiegel der Erinnerung wahr, in welchem der unaufhörliche Strudel der sich vermischenden Farben aufgeht; kaum erkenne ich noch die Form und kann sie nicht, obgleich nur sie die Lösung kennen würde, nach der Bedeutung ihres untrennbar mit ihr verbundenen Zeitgenossen, dieses Wohlgeschmacks, fragen, oder darum bitten, die näheren Umstände oder den vergangenen Zeitpunkt seines Auftretens offenzulegen. Dringt sie also bis an die Oberfläche meines Bewusstseins, diese Erinnerung, dieser vergangene Augenblick, welcher durch die Anziehungskraft eines identischen Moments von so weit her in mein tiefstes Innerstes gedrungen war, um dieses aufzuwühlen, zu bewegen und in mir zu erstehen? Ich weiß es nicht. Jetzt spüre ich nichts mehr, der Moment ist vergangen oder vielleicht wieder hinabgesunken; wer weiß, ob er jemals wieder aus seiner Dunkelheit ersteht? Wohl zehnmal habe ich versucht, ihn erneut aufzuspüren. Und jedes Mal hat mich die Schwäche, die uns von der Lösung aller schwierigen Aufgaben, von der Vollendung jedes bedeutenden Werkes abhält, dazu gebracht, von diesem Vorhaben abzulassen und beim Teetrinken lediglich an meine Sorgen von heute zu denken, an meine Sehnsüchte nach dem Morgen, die leichter wiederzukäuen sind.

Doch plötzlich kehrte die Erinnerung zurück. Dieser Geschmack war der Geschmack des kleinen Madeleinestücks eingetaucht in Lindenblütentee, das mir meine Tante Léonie an jenem Sonntagmorgen in Combray angeboten hatte (an diesem Tag war ich nicht vor der Messe ausgegangen), als ich sie in ihrem Zimmer besuchte. Der bloße Anblick eines Madeleines hätte mir keine Erinnerung zurückgebracht, ich musste es kosten; aus dem wahrscheinlichen Grund, dass ich es seither, ohne davon zu essen, wiederholt in den Auslagen der Bäckereien gesehen habe, ihr Bild nach den Tagen von Combray jedoch verflogen und von anderen Eindrücken überlagert wurde; oder weil diese vom Gedächtnis längst vernachlässigten Erinnerungen nicht überdauerten und versunken waren; alle Formen – und dazu gehörte auch diejenige der kleinen Gebäckmuschel, so sinnlich glänzend unter ihren ernsten und frommen Falten – hatten sich aufgelöst oder waren eingeschlafen, zumindest aber hatten sie ihre Kraft verloren, die es ihnen einst erlaubt hatte, sich mit meinem Bewusstsein zu vereinen. Doch wenn nichts aus der Vergangenheit den Tod der Menschen überdauert, die Dinge also vernichtet sind, so überdauern doch Geruch und Geschmack, obgleich letztlich flüchtig … eine lange Zeit, wie Seelen, zum Erinnern, Erwarten, Hoffen, tragen sie auf den Ruinen alles Übrigen, ohne nachzugeben … das gewaltige Bauwerk der Erinnerung.

Und wann immer ich später den Geschmack des in den Lindenblütentee getauchten Madeleines meiner Tante wiedererkannte … kam mir das alte graue Haus, in dem sich ihr Zimmer befand, in den Sinn wie die Kulisse eines Theaters … ebenso stiegen jetzt alle Blumen unseres Gartens und die aus dem Park von Monsieur Swann, die Seerosen auf der Vivonne, die Leute aus dem Dorfe und ihre kleinen Häuser und die Kirche und ganz Combray und seine Umgebung, alles deutlich und greifbar, die Stadt und die Gärten, aus meiner Tasse Tee auf.«

Kulinarisches aus Kindertagen

Gute Gelegenheiten für den unbeschwerten Genuss von Eiscreme, Bonbons, Pfannkuchen oder Schokolade sind:

- Themen-Party: Party-Rezepte als Hommage an die eigene Kindheit.
- Fernsehabend allein zu Haus: Verwöhn-Menü für Singles.
- Cocooning zu zweit: Rezepte für Verliebte zwischen 7 und 77.
- Nachmittagsimbiss im Herbst: Kekse und Süßigkeiten zur Teestunde.
- Kleine Kochlektionen: Hauptgerichte als Kochspaß für Groß und Klein.
- Kochexperiment am Sonntag: Rezepte für den kleinen Chemiker, der mittlerweile erwachsen geworden ist.
- Galadiner gastronomisch-verspielt: Umwerfende Hauptgerichte.

Themen-Party

Im letzten Jahr war es ein Kostümball unter dem Motto »Spaghetti-Western«, im Jahr zuvor haben Sie zu einem Abendessen in Rosa (Lachs, rosa Grapefruits und Süßigkeiten ...) geladen. Diesmal würden Sie gern ein futuristisches Bufett veranstalten. Wo aber kann man gefriergetrocknetes Rindfleisch und pulverisiertes Eis als Astronautennahrung kaufen? Die Zutaten der Zukunft sind schwer zu bekommen, also nichts wie zurück in die Vergangenheit! Sie haben sicher schon davon gehört, dass Kinderlieder à la »Schnappi« selbst bei den Ü30ern schwer angesagt sind. Man muss ja nicht gerade das backen, was dem Krümelmonster schmeckt. Das Thema des Abends: Kinderbücher, Fernsehserien, Spiele und vor allem all die Süßigkeiten aus Kindertagen. Spaß und nostalgische Gefühle sind garantiert!

Spaghetti-Minipizzas (Seite 32)
Käsepüree-Fondue (Seite 72)
Weiße Mousse au Chocolat (Seite 76)
Schokoladenfondue mit Fruchtspießen (Seite 110)
Wodka-Kaugummi-Cocktail (Seite 120)
Schokoladenkuchen mit Kakaopulver (Seite 142)

Fernsehabend allein zu Haus

Nein, die plötzliche und nicht zu unterdrückende Lust, eine ganze Tafel Schokolade zu verdrücken, eine einlitergroße Portion Erdbeereis zu löffeln oder sich eine Riesentüte Kartoffelchips einzuverleiben, weil man ganz allein zu Hause sitzt, ist keineswegs ungewöhnlich. Wenn man ein wenig deprimiert ist, sind bestimmte Nahrungsmittel einfach ein lebenswichtiges Trostpflaster. Damit sich der Frust in Lebenslust verwandelt, sollten Sie sich den Solo-Fernsehabend versüßen. Rezepte gibt es genug:

Riesenhacksteak à la »Die blaue Lagune« (Seite 44)
Freches Schinkenpüree (Seite 68)
Eiskugeln mit roher Teigfüllung (Seite 102)
Vanille-Vulkan über Cola-See (Seite 114)
Thunfisch-Hamburger mit Honig und Ingwer (Seite 136)
Grießbrei mit Fruchtcocktail (Seite 152)

Cocooning zu zweit

Schatzi, Mausi, Bärchen, Hasi … Die Liste der Kosenamen, mit der sich manche (durchaus erwachsenen) Pärchen gegenseitig bedenken, kommt nicht selten einem gewissen Rückfall in kindliche Ausdrucksweisen gleich – in der Liebe ist eben alles erlaubt. So manches Paar verwandelt zudem die eigene Wohnung in eine Art Kokon für zwei (Home, sweet home) und meidet Tageslicht ebenso wie Sozialkontakte. Kein Wunder, dass die Turteltäubchen am liebsten Gerichte essen, die mit Liebe gekocht sind. Experimentierfreude, Überraschungsmomente und das Unerhörte werden zum Salz in der Suppe.

Muschelnudel-Frikadellen mit Mimolette (Seite 30)
Geriebene Karotten mit Kokosmilch (Seite 38)
Karamellisierte Schweinerippchen (Seite 48)
Linsensalat mit Knackwürstchen (Seite 96)
Salzige Pfannkuchentorte (Seite 132)
Käsekuchen mit Erdbeeren (Seite 144)

Nachmittagsimbiss im Herbst

Draußen wird es schon ein wenig kühler. Der Spätsommer hat sich leise verabschiedet. Es ist die Zeit des Übergangs. Bald klopft der Winter mit frostiger Hand an unsere Türen. Da wird es Zeit für köstliche Jugenderinnerungen. Was hatte man nicht alles für Pläne! Zeit, Bilanz zu ziehen und sich ins warme Haus oder die Wohnung zurückzuziehen. Kurz, der Herbst ist die ideale Jahreszeit, um es sich drinnen mit einer dampfenden Tasse Tee und leckeren Kleinigkeiten bequem zu machen. Erinnern Sie sich noch an all die Lakritzen, runde, eckige, rautenförmige, oder an die herrlichen Konfitüren in allen möglichen Geschmacksrichtungen, die Sie sich nur zu gern aufs Brot schmieren ließen. Es gab so viele Kostbarkeiten, mit denen Sie Ihren Bauch verwöhnen konnten. Warum sollten Sie sich das als Erwachsener nicht auch gönnen? Also: Decke raus, aufs Sofa gelümmelt und in Erinnerungen geschwelgt.

Scones mit weißer Schokolade (Seite 52)
Butterplätzchen mit Lakritze (Seite 54)
Karottencreme mit Kardamom (Seite 80)
Karamellcreme mit Orangenblütenwasser (Seite 82)
Brioche mit Konfitüre und Schlagsahne (Seite 146)
Schokomuffins (Seite 154)

Kleine Kochlektionen

Ja, die Zeiten sind vorbei, als Sie auf dem Schulhof heimlich einen Doppelriegel »Raider« gegen zwei »Bazooka Joe«-Kaugummis getauscht haben. Heute haben Sie vielleicht selbst Kinder, die Ihnen nicht nur wie aus dem Gesicht geschnitten sind, sondern auch noch Ihr unkontrollierbares Verlangen nach Schokolade, Karamellbonbons und Pommes frites mit Mayo geerbt haben. Es wird Zeit, die lieben Kleinen in die Küche zu holen, um ihnen ein paar Gerichte zu zeigen, die Sie sich in Ihrer Kindheit selbst gewünscht hätten: lustig, unvorhersehbar, seltsam und beeindruckend. Also: Binden Sie sich und den Kleinen die Schürze um und los gehts! Und freuen Sie sich schon auf die Gesichter Ihrer Kinder, wenn Sie verkünden, dass gleich mit Bonbons gekocht wird …

Guacamole mit Popcorn (Seite 36)
Baiser-Eis (Seite 106)
Riesenmuschel mit geschmolzenen Bonbons (Seite 112)
Käsebällchen mit Kräutern und Gewürzen (Seite 124)
Zitronenkuchen mit Marshmallows (Seite 148)
Butterkekskugeln (Seite 150)

Kochexperiment am Sonntag

Wenn der »geniale« Erfinder Daniel Düsentrieb für Sie ein großes Vorbild war und Sie »Das Schlaue Buch“ von Tick, Trick und Track selbst gern besessen hätten, um ungewöhnliche Lösungen für alle erdenklichen Probleme zu finden, sollten Sie sich am besten gleich an den Herd stellen. Denn die Küche ist auch ein großes Experimentierfeld. Allein schon die – auch in chemischer Hinsicht – Verwandlung von Eiweiß in Eischnee ist unglaublich faszinierend. Mit 3 Jahren konnten Sie davon gar nicht genug bekommen und auch heute noch werden Sie von diesem Phänomen begeistert sein. Es ist das kindliche Vorrecht, sich über alles zu wundern, von der glänzenden Spur, die eine Nacktschnecke hinter sich herzieht, bis zum rhythmischen Ticktack einer Uhr. Diese Neugier geht im Lauf der Jahre nicht verloren, man muss sich nur manchmal wieder an sie erinnern, ebenso wie an die kindliche Experimentierfreude, die die Erwachsenen »spielen« nennen.

Süßkartoffelchips (Seite 34)
Blumenkohlcremesuppe mit Rübenchips (Seite 66)
Polarcreme mit Curaçao-Eisbergen (Seite 74)
Kokosreis auf Mangochips (Seite 78)
Vanillecreme mit Lebkuchenschnitten (Seite 84)
Apfelchips mit Sahne (Seite 86)
Erdbeeren im Gewürzwein auf süßer Milch (Seite 88)
Karamellisierte Gemüsebonbons (Seite 100)
Schokoladenravioli auf Erdbeersoße (Seite 108)

Galadiner gastronomisch-verspielt

Waren Sie ein kleiner Rebell? Haben Sie im Alter von 4 Jahren vielleicht allen überzeugend erklärt, dass Ihre liebste Nascherei saure Gurken sind, und haben Sie sich gewundert, dass niemand Ihre Liebe zu geschmolzenem Erdbeereis teilt? Viel hat sich seither nicht geändert, würden Sie sagen? Gut. Ihr Grundsatz lautet also: »Was damals gut war, kann heute nicht schlecht sein.« Umso amüsanter werden Sie es finden, Ihren geschätzten Gästen großartige Gerichte aufzutischen, die mit Grenadine oder Lakritze zubereitet sind. Selbst kritische Zungen werden bei solchen Speisen schnell verstummen. Der Genuss ist ganz auf Ihrer Seite.

Thunfisch im Parmesanmantel (Seite 42)
Kastaniensuppe mit Lakritze (Seite 64)
Toast mit Geflügelleberwurst und Zwiebelchutney (Seite 94)
Schokoladenkonfekt mit Bananenpüree (Seite 104)
Armer Ritter mit Räucherlachs (Seite 130)
Kalbsrouladen mit Schinken im Lakritznetz (Seite 138)

Produkte aus Kindertagen

Nutella

Erfunden von dem italienischen Konditor Pietro Ferrero im Jahr 1945, war der Vorläufer der Nuss-Nugat-Creme Nutella der Giandujot, ein Produkt, das noch in Scheiben geschnitten wurde. 1951 brachte Ferrero die erste streichfähige Creme auf den Markt: die Supercrema. Weil in Italien jedoch die Verwendung von Superlativen in Markennamen gesetzlich verboten wurde, bekam die Creme 1964 den Fantasienamen Nutella.

Kaugummi

Für die Franzosen nimmt der Malabar-Kaugummi (Foto) in etwa den gleichen Rang ein wie bei uns der Hubba Bubba, der seit 1978 auf dem deutschen Markt ist. Die geschmackliche Vielfalt ist beinahe grenzenlos. Das Wunderding, mit dem sich riesige Blasen machen lassen, die nicht kleben, hat inzwischen Kultstatus. Übrigens: Es gibt sogar einen Weltrekord im Kaugummiblasenmachen, der im Guinnessbuch verzeichnet ist: 58,4 cm misst die derzeit größte Kaugummiblase der Welt.

Lakritze

An Lakritze scheiden sich die Geister: Man liebt sie oder man verabscheut sie. Gewonnen wird sie aus dem Saft des Süßholzes, der unter anderem mit Zucker, Mehl, Gelatine und Aromen vermischt und eingedickt wird. Ist Lakritze gesund? Auch daran scheiden sich die Geister. Griechen und Römer setzten den Saft des Süßholzes in der Medizin ein und im Mittelalter wurden der Pflanze magische Kräfte und Wunderheilung zugeschrieben. Bewiesen ist die Heilkraft der Lakritze aber nicht.

Mini Babybel

»Bababa, ba Babybel …« Wer kennt nicht diesen Ohrwurm aus der Werbung. 1977 wurde der Mini Babybel von dem Traditionsunternehmen Fromageries Bel in Frankreich eingeführt. Seit 1979 ist er auch auf dem deutschen Markt erhältlich und erfreut sich großer Beliebtheit. Derzeit gibt es den kleinen »Flitzer« in drei Geschmacksrichtungen: Emmentaler, Kräuter und natürlich den Klassiker in der roten Wachshülle. Insbesondere Kinder lieben diesen Käse.

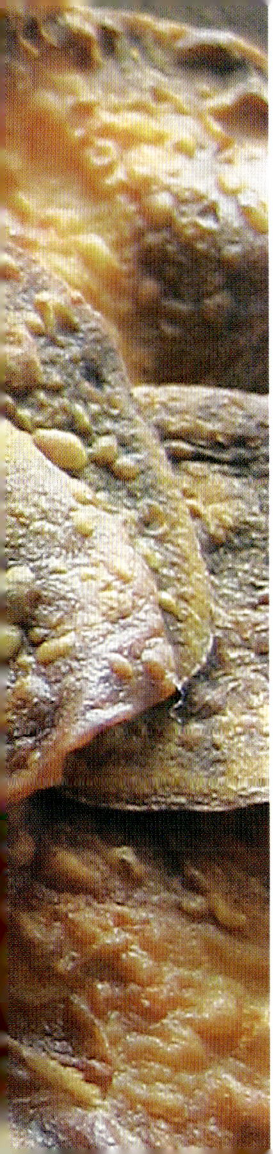

Knusprige Erinnerungen

Kindheitserinnerungen

Wenn meine Mutter abends zu müde war, um zu kochen, stellte sie einfach alle Zutaten für riesige Sandwiches auf den Tisch, die wir uns dann selbst machten. Für uns Kinder war das traumhaft: So bekamen wir garantiert unser Lieblingsessen. **Dieter, 29 Jahre, Feuerwehrmann**

Mein Bruder wollte immer nur Orangen-Ente essen, ich dagegen liebte saftige Steaks mit Soße. Irgendwann hielt mein Vater das nicht mehr aus und brachte uns das Kochen bei. Davon profitieren wir noch heute. **Petra, 46 Jahre, Friseurin**

Ich erinnere mich noch an eine Fernsehsendung, die ich immer mit meiner Oma ansah. Der Moderator fragte die Kinder im Studio jedes Mal, was sie am liebsten essen, und die Antwort lautete stets »Pommes« oder »Nudeln«. Warum die Kinder wohl nie etwas Originelleres antworteten – na ja, meine Antwort wäre wohl genauso ausgefallen. **Matthias, 32 Jahre, Immobilienmakler**

Als ich noch klein war, bin ich mit meiner Oma oft zur Kindermesse gegangen. Ich habe immer gestaunt, als alle aufgestanden sind und vom Pfarrer etwas zu essen bekommen haben. Das wollte ich auch mal probieren, aber ich war noch nicht alt genug für die Erstkommunion. Also hat meine Oma kurzerhand Backoblaten im Supermarkt gekauft, damit ich auch mal in den Genuss kam, der eigentlich den Großen vorbehalten war. **Juliette, 55 Jahre, Sekretärin**

Als ich zum ersten Mal in meinem Leben Jakobsmuscheln essen durfte, wurde mir klar, was Erwachsensein in kulinarischer Hinsicht bedeutet. Ich war sprachlos und restlos begeistert. **Gregor, 35 Jahre, Kaufmann**

Pikante Schweineöhrchen

Man kennt sie vor allem als süße, mit Zucker bestreute Kekse. Doch Schweineöhrchen sind auch als pikante Appetithäppchen sehr schmackhaft, sofern man die passende Vorspeise dazu reicht. Wussten Sie eigentlich, dass die Spirale als Vorläufer des Labyrinths zu den ältesten, von Menschenhand geschaffenen Formen gehört?

Für 6 Personen

- 1 Rolle Blätterteig
- 1 Esslöffel Tapenade (Olivenpaste)
- 1 Esslöffel grünes Pesto
- 1 Esslöffel rotes Pesto
- 10 g geriebener Mimolette

Den Blätterteig zu einem möglichst großen Rechteck ausrollen und in 4 kleinere Rechtecke schneiden. Ein Teigstück mit Tapenade bestreichen, das zweite mit dem Pesto, das dritte mit dem roten Pesto und das vierte mit dem Mimolette bestreuen.

Die Teigplatten von einer Schmalseite bis zur Mitte aufrollen, dann von der anderen Seite. So entsteht eine Doppelrolle, die in Scheiben geschnitten die Schweineöhrchen ergibt. Die Rollen in Frischhaltefolie wickeln und 30 Minuten in den Kühlschrank stellen.

Den Ofen auf 180 °C (Gas: Stufe 2) vorheizen.

Die Teigrollen aus dem Kühlschrank nehmen und in Scheiben schneiden. Auf ein mit Backpapier ausgelegtes Backblech setzen und im Ofen 10 bis 15 Minuten goldbraun backen.

Nudel-Käse-Frikadellen

Damit dieses Rezept gelingt, machen Sie genau das, was man eigentlich nicht tun sollte (für Kinder ein Traum): Sie kochen die Nudeln ein wenig zu lange. Man kann sie nur dann zu Klößen formen, wenn sie leicht kleben. Nach dem Panieren und dem Garen in der Pfanne werden sie zu knusprigen Appetithäppchen.

Für 4 Personen

- 100 g Muschelnudeln
- Salz
- 100 g geriebener Mimolette
- 40 g Schlagsahne
- 100 g Paniermehl
- 1 Teelöffel gemahlener Kümmel
- 3 Esslöffel Öl

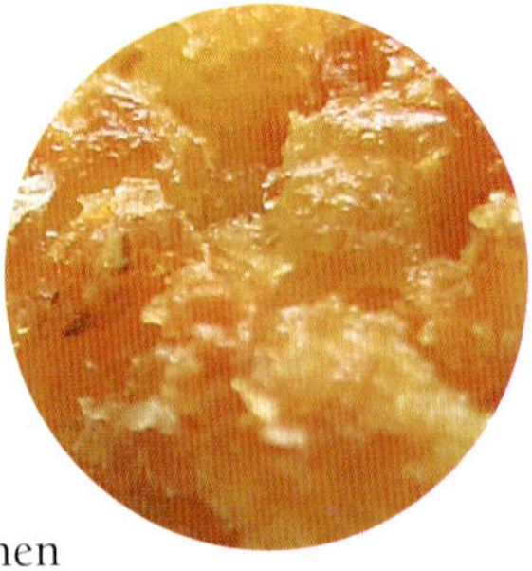

Die Muschelnudeln in gesalzenem, kochendem Wasser sehr weich garen. Abgießen und mit dem Mimolette, der Schlagsahne und etwas Salz in einer Schüssel verrühren. Mindestens 1 Stunde abkühlen lassen.

Das Paniermehl und den Kümmel in einem tiefen Teller vermengen.

Die Nudel-Käse-Mischung zu Frikadellen formen und in der Paniermehl-Kümmel-Mischung wenden. Das Öl in einer Pfanne auf mittlerer Stufe erhitzen, die Frikadellen ringsum goldbraun braten und sofort servieren.

Spaghetti-Minipizzas

Wer erinnert sich nicht an Abende, als die Eltern zum Kochen zu müde waren und alle verfügbaren Reste einfach in einer Pfanne gebraten wurden? Aufgewärmte Nudeln wurden so zu knusprigen Fladen, garniert mit bunt zusammengewürfelten Zutaten. Dieses Rezept kombiniert zwei Lieblingsgerichte fast aller Kinder: Pizza und Spaghetti mit Tomatensoße.

Für 10 Minipizzas

- 100 g Spaghetti
- Salz
- Frittieröl
- 100 g Mozzarella
- 100 g Tomatensoße (mit Gewürzen)
- Basilikumblättchen

Die Spaghetti in Salzwasser nach Packungsanweisung garen und abgießen.

Den Ofen auf 150 °C (Gas: Stufe 2) vorheizen.

Reichlich Öl in einer Pfanne auf höchster Stufe erhitzen. Die Spaghetti zu 20 Fladen formen, portionsweise in das Öl legen und von beiden Seiten goldbraun anbraten. Herausnehmen und auf Küchenpapier abtropfen lassen.

Den Mozzarella in 10 Scheiben schneiden. Die Hälfte der Spaghettifladen jeweils mit einer Scheibe Mozzarella belegen, mit Tomatensoße beträufeln und mit den restlichen Spaghettifladen bedecken. Die Minipizzas auf ein mit Backpapier ausgelegtes Backblech setzen und ca. 5 Minuten im Ofen backen, bis der Käse zerlaufen ist. Die Minipizzas aus dem Ofen nehmen, mit Basilikumblättchen garnieren und sofort servieren.

Tipp: Sie können natürlich auch Nudelreste vom Vortag verwenden.

Süßkartoffelchips

Drei Gründe, warum es so viel Spaß macht, Chips zu essen: Zum einen kann man damit den Kinonachbarn zur Weißglut bringen, zum anderen kann man sich wunderbar fettige, salz- oder paprikagetränkte Finger abschlecken und schließlich kann man die Tüten aufblasen und mit einem ohrenbetäubenden Knall zerplatzen. Was will man mehr? Vielleicht etwas Originelleres? Oder doch ein wenig mehr Esskultur? Dafür wiederum eignen sich Chips aus Süßkartoffeln. Sie sind edel und sehr delikat.

Für 4 Personen

- Frittieröl
- 4 Süßkartoffeln
- Salz

Wahlweise:

- Crème fraîche mit Kräutern

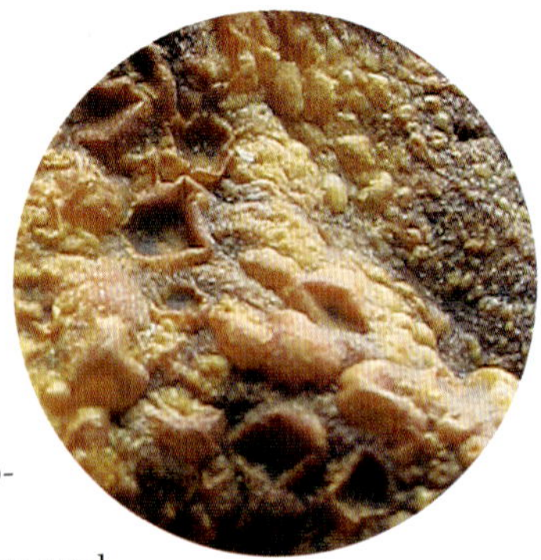

Das Öl in der Fritteuse auf 180 °C erhitzen.

Die Süßkartoffeln schälen und mit einem Gemüsehobel in hauchdünne Scheiben hobeln. Portionsweise in die Fritteuse geben und jeweils ca. 3 Minuten goldbraun frittieren. Auf Küchenpapier abtropfen und abkühlen lassen.

Die Kartoffelchips in eine Schüssel geben und mit Salz und evtl. Crème fraîche zum Dippen servieren.

Guacamole mit Popcorn

Wenn im Physikunterricht das Thema »Popcorn«-Phänomen behandelt wird, wird so mancher Schüler in seiner Fantasie zu einem kleinen Einstein. Was gibt es Verspielteres und gleichzeitig Verblüffenderes als ein (dazu noch sehr einfaches) Rezept, bei dem die Maiskörner im Topf umherspringen? Mit Guacamole (Avocadopüree) zum Dippen serviert – ein Genuss.

Für 4 Personen

- 4 Esslöffel Öl
- 2 Handvoll Popcornmais
- 2 kleine Zwiebeln
- 1 Limone
- 2 vollreife Avocados
- Salz und frisch gemahlener Pfeffer

Das Öl in einem breiten Topf erhitzen (es darf nicht rauchen). Die Maiskörner zufügen und den Deckel aufsetzen. Wenn die Maiskörner platzen und springen, den Topf vom Herd nehmen.

Die Zwiebeln schälen und fein hacken. Die Limone auspressen. Die Avocados halbieren, den Stein entfernen, das Fruchtfleisch mit einem Löffel herauskratzen und in eine Schüssel geben. Mit einer Gabel zerdrücken. Limonensaft und Zwiebeln untermischen. Nach Geschmack mit Salz und Pfeffer würzen. Popcorn und Avocadopüree auf einer Servierplatte anrichten. Es darf gedippt werden.

Tipp: Wenn Sie es pikanter mögen, mischen Sie noch etwas Tabasco oder Chilipulver unter die Guacamole.

Geriebene Karotten mit Kokosmilch

Oder: Wie man eine typische Kantinen-Vorspeise in ein exotisches Gericht verwandelt. Anstelle der üblichen Vinaigrette wird frisch gepresster, mit Kokosmilch verfeinerter Fruchtsaft verwendet. Die knackige Vorspeise mit der »Woran-erinnert-mich-das-nur«-Note ruft Kindheitsgenüsse im Sinne von Marcel Proust ins Gedächtnis.

Für 2 Personen

- 1 Kokosnuss
- 6 Korianderstängel
- 300 g Karotten
- 200 ml Kokosmilch
- ½ Orange
- ½ Zitrone

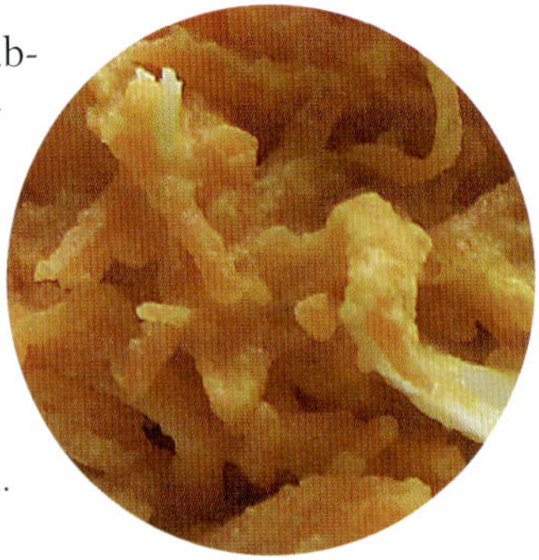

Die Kokosnuss öffnen. Das Kokoswasser abgießen (oder trinken) und die Kokosnusshälften mit einem Esslöffel ausschaben, sodass man etwa 4 Esslöffel Kokosflocken erhält.

Den Koriander waschen, trockentupfen und die Blättchen abzupfen. Einige Blättchen beiseite legen, die übrigen fein hacken. Die Karotten schälen und raspeln. Die Orange und die Zitrone auspressen.

Gehackten Koriander, Karotten, Kokosmilch, Orangen- und Zitronensaft sowie die Hälfte der Kokosraspel in einer Schüssel verrühren. Die Mischung in die Kokosnussschalen füllen. Mit den Korianderblättchen und den restlichen Kokosraspeln garnieren und servieren.

Schweinefilets mit Erdnusspanade

In den USA sind fleischige Snacks nichts Ungewöhnliches. Für die Kleinen gibt es da schon mal ein Bisonfleisch-Spießchen statt Schokolade. Amerika-Fans werden sich bei diesem Rezept über den unvergleichlichen Geschmack nach Erdnussbutter freuen.

Für 4 Personen

- 200 g Erdnüsse
- 1 Ei
- 4 Scheiben Schweinefilet (ca. 200 g)
- Salz und frisch gemahlener Pfeffer
- 3 Esslöffel Öl
- 200 g Schlagsahne
- 2 Teelöffel Senf
- 4 Esslöffel Erdnussbutter

Die Erdnüsse bis auf eine Handvoll im Mörser zerstoßen und in einen tiefen Teller geben. Das Ei in einem tiefen Teller verquirlen.

Die Fleischscheiben im Ei und dann in den Erdnüssen wenden. Salzen und pfeffern.

Das Öl auf mittlerer Stufe in einer Pfanne erhitzen. Die Filetscheiben darin von beiden Seiten jeweils 5 Minuten knusprig braten.

Kurz vor dem Ende der Garzeit die Schlagsahne, den Senf und die Erdnussbutter in einem Topf bei milder Hitze unter Rühren erwärmen (nicht aufkochen).

Das Fleisch aus der Pfanne nehmen, mit den ganzen Erdnüssen garnieren und mit der Soße servieren.

Thunfisch im Parmesanmantel

Manch kleiner Stadtbewohner denkt bei Fisch eher an etwas Paniertes als an Süß- oder Salzwasser. Unsere durchaus moderne Interpretation stellt ein Zwischending dar zwischen dem immer beliebteren Tiefkühlfisch und dem hippen Sushi.

Für 4 Personen

- 1 rote Paprikaschote
- 9 Esslöffel Olivenöl
- 2 Esslöffel Balsamico
- 4 Handvoll Rucola
- 4 Thunfischfilets ohne Haut (à ca. 150 g)
- 1 Ei
- 100 g geriebener Parmesan

Die Paprikaschote halbieren und die Kerne und weißen Trennwände entfernen. Das Gemüse waschen und in feine Würfel schneiden.

In einer Schüssel mit 6 Esslöffeln Olivenöl und dem Essig vermischen. Den Rucola auf 4 Teller verteilen, einige Blättchen beiseite legen. Die Thunfischfilets in Rechtecke schneiden.

Das Ei in einem tiefen Teller verquirlen. Den Parmesan in einen Teller streuen. Die Fischstücke zunächst im Ei und dann im Parmesan wenden.

Das restliche Öl auf mittlerer Stufe in einer Pfanne erhitzen. Die Thunfischstücke 1 Minute auf jeder Seite anbraten. Auf den Salat legen und jeweils ein Rucolablatt darauflegen. Die Fischfilets mit den Paprikawürfeln servieren.

Riesenhacksteak à la »Die blaue Lagune«

»Das Beefsteak ist das Herz unter den Fleischarten, es ist Fleisch in seinem Urzustand und wer immer davon isst, verleibt sich die Kraft eines Stieres ein«, stellt Roland Barthes in seinen »Mythologien« fest. Kleine Jungs träumen von so etwas (nicht etwa von Spinat), um stark wie Herkules zu werden oder wenigstens wie Papa.

Für 1 Person

- 150 g Rinderhack
- 1 Ei
- 30 g Haferflocken
- Salz und frisch gemahlener Pfeffer
- Kräuter der Provence
- 2 Esslöffel Paniermehl
- 50 g Blauschimmelkäse
- 2 Esslöffel Öl

Hackfleisch, Ei und Haferflocken in einer Schüssel vermischen. Mit Salz, Pfeffer und Kräutern der Provence würzen. Eine große längliche Frikadelle formen. Das Paniermehl auf einen Teller streuen und die Frikadelle darin wenden. Auf einer Seite zwei Mulden in den Hackfleischteig drücken.

Den Käse in kleine Würfel schneiden und bei milder Hitze unter Rühren in einem Topf schmelzen. Das Öl in einer Pfanne auf mittlerer Stufe erhitzen und die Frikadelle von beiden Seiten jeweils ca. 10 Minuten braten. Den Käse in die beiden Mulden gießen und das Hacksteak sofort servieren.

Hähnchennuggets mit Mimolette

Haben Sie schon mal eine Einladung zum Fast-Food-Gelage mit Hähnchennuggets und Frischkäsedip bekommen? Nein? Nun, hier ist sie. Dass die Nuggets mit den Fingern gegessen werden, versteht sich von selbst und wird nicht nur die Kinder freuen.

Für 24 Nuggets

- Frittieröl
- 8 Basilikumblättchen
- 120 g Frischkäse
- 8 Esslöffel Mayonnaise
- 100 g Mimolette
- 4 Hühnerbrustfilets
- Salz und frisch gemahlener Pfeffer
- 200 g gemahlene Mandeln

Das Öl in der Fritteuse auf 180 °C erhitzen.

Das Basilikum waschen, trockentupfen, die Blättchen abzupfen und fein hacken. Frischkäse, Mayonnaise und Basilikum in einer Schüssel vermischen.

Den Mimolette in 24 Würfel schneiden. Die Hühnerbrustfilets in Stücke schneiden und im Mixer pürieren. Salzen und pfeffern. Jeweils etwas Fleischteig zwischen den Händen flach drücken, einen Käsewürfel hineinlegen, das Fleisch darüberklappen und zu einer Kugel formen.

Die gemahlenen Mandeln in einen tiefen Teller geben und die Nuggets darin wälzen. Portionsweise 4 Minuten frittieren, herausnehmen und auf Küchenpapier abtropfen lassen.

Die Hähnchennuggets mit dem Frischkäsedip servieren.

Marinierte Schweinerippchen

Geben Sie doch mal einen Tipp ab: Woher stammt eigentlich Ketchup? Ist die rote Soße etwa von einem amerikanischen Hamburger-Fabrikanten erfunden worden? Keineswegs! Ursprünglich handelte es sich beim Ketchup um eine scharfe Soße, die im alten China als »Ke-Tsiap« über Spezialitäten gegossen wurde. Englische Seefahrer haben sie im 18. Jahrhundert in Europa eingeführt. Um dem westlichen Geschmack zu entsprechen, wurden unter anderem Tomaten und Zucker zu festen Bestandteilen der Soße, die seither – zur Freude aller Kinder – leicht süßlich schmeckt und auch auf unseren Schweinerippchen nicht fehlen darf. Nur mit den Fingern essen!

Für 4 Personen

- 1 kg Schweinerippchen
- 1 Zitrone
- 200 g Ketchup
- 4 Esslöffel Honig
- 2 Esslöffel Sojasoße
- 2 Teelöffel Ingwerpulver

Das Fleisch jeweils zwischen zwei Knochen durchschneiden und die Rippchen in eine Auflaufform legen. Die Zitrone auspressen. Den Saft in eine Schüssel gießen. Ketchup, Honig, Sojasoße und Ingwer untermischen.

Die Hälfte der Soße über die Fleischstücke verteilen. Das Fleisch wenden und die restliche Soße darübergeben. Mindestens 2 Stunden ruhen lassen.

Den Ofen auf 200 °C (Gas: Stufe 3) vorheizen.

Die Schweinerippchen 15 Minuten im Ofen garen, herausnehmen, umdrehen und weitere 15 Minuten garen.

Den Ofen auf Grillen stellen und das Fleisch ca. 3 Minuten grillen. Wenden und wiederum 3 Minuten grillen. Die Rippchen aus dem Ofen nehmen und heiß servieren.

Süßkartoffel-Pommes

In New York haben sich einige Restaurants längst auf sie spezialisiert: Süßkartoffel-Pommes. Sie sind wunderbar weich und – wie ihr Name schon verrät – süß. Vorsicht: Suchtgefahr!

Für 2 Personen

- Frittieröl
- 2 Süßkartoffeln
- Salz
- Ketchup
- Mayonnaise

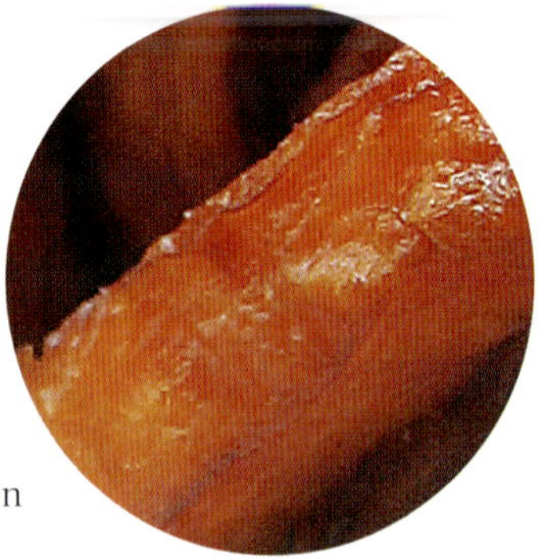

Das Öl in der Fritteuse auf 160 °C erhitzen.

Die Süßkartoffeln schälen und in Fritten schneiden. Mit Küchenpapier trockentupfen.

Die Fritteusentemperatur auf 130 °C reduzieren und die Pommes etwa 3 Minuten frittieren. Sie dürfen nicht zu braun werden.

Herausnehmen und die Fritteusentemperatur auf 180 °C erhöhen. Die Pommes wieder in die Fritteuse geben und 1 Minute frittieren. Herausnehmen, in eine Schüssel geben, salzen und heiß mit Ketchup und Mayo servieren.

Scones mit weißer Schokolade

Scones gehören zur britischen Teekultur wie die Tower Bridge zu London. Nicht nur die Kinder lieben den süßen Geschmack des goldgelben Gebäcks. Scones schmecken Jung und Alt und ihr köstlicher Duft erinnert an manche Backnachmittage, die wir als Kinder erlebt haben, gekleidet in eine Schürze, die uns bis zu den Knöcheln reichte. Unser Rezept verspricht nicht nur schön knusprige Scones, sondern auch eine kleine Überraschung im Innern.

Für 20 Scones

- 100 g Butter
- 90 g Puderzucker
- 240 g Mehl
- 2 Teelöffel Backpulver
- 1 Ei
- 1 Esslöffel Orangenblütenwasser
- Salz
- 160 g weiße Schokolade
- 1 Eigelb

Die Butter in einer Pfanne bei milder Hitze zerlassen. Zucker, Mehl, Backpulver, Ei, Orangenblütenwasser und 1 Prise Salz in einer Schüssel zu einem glatten Teig verkneten.

Die weiße Schokolade in 20 gleich große Stücke schneiden.

Den Ofen auf 175 °C (Gas: Stufe 2) vorheizen.

Den Teig in 20 Stücke teilen und mit den Händen zu flachen Fladen drücken. Auf jeden Fladen ein Stück Schokolade geben. Die Ränder der Fladen darüberschlagen und mit den Händen zu Kugeln formen. Ein Backblech mit Backpapier auslegen und die Scones darauflegen. Mit verquirltem Eigelb bestreichen und ca. 20 Minuten im Ofen backen.

Butterplätzchen mit Lakritze

Es ist schon eine Kunst, Lakritze in der Küche zu verarbeiten. Das wissen Kochfans und Liebhaber der schwarzen Schnecken nur allzu gut. Schafft man es, die Schnecken aufzurollen, hat man schließlich einen elastischen Strang in der Hand, der ziemlich reißfest ist und sich praktisch nicht schmelzen lässt. Die einzige Gefahr, die wir bei diesem Rezept sehen, ist, dass die Lakritze es nicht bis auf das Gebäck schafft, weil sie vorher in Ihrem Mund verschwindet. Disziplin ist also gefragt.

Für 12 Plätzchen

- 65 g Butter
- 125 g Mehl
- 100 g Puderzucker
- 6 Lakritzschnecken

Den Ofen auf 180 °C (Gas: Stufe 3) vorheizen. Die Butter in einer Pfanne bei milder Hitze zerlassen. Mehl, Zucker, 2 bis 3 Esslöffel Wasser und die Butter in einer Schüssel zu einem glatten Teig verkneten. Falls nötig, noch etwas Wasser unterkneten. Den Teig auf einer leicht bemehlten Arbeitsfläche ausrollen, mit einer Plätzchenform oder einem umgedrehten Glas 12 Kreise ausstechen und auf ein mit Backpapier ausgelegtes Backblech setzen.

Die Lakritzschnecken abrollen und in der Mitte durchschneiden. Jeweils eine halbe Schnecke dekorativ auf ein Plätzchen legen. Dabei die Lakritze leicht in den Teig drücken. Die Plätzchen im Ofen 15 bis 20 Minuten goldgelb backen. Herausnehmen und abkühlen lassen.

Cremige Erinnerungen

Kindheitserinnerungen

Als Junge mochte ich keinen Fisch. Um mich dazu zu bewegen, doch etwas zu probieren, gab meine Mutter Joghurt mit Heidelbeeren über den Fisch. Pfui Spinne! **Jan, 24 Jahre, Fernsehmoderator**

Eine Freundin, die auf der Hotelfachschule war, lud mich zum Essen bei sich ein. Dabei hätte sie beinah die Küche mit Frittieröl in Brand gesetzt. So mussten wir leider auf den frittierten Blumenkohl in Bierteig verzichten. Zum Glück hat sie einen Koch geheiratet. Seitdem kann man bei ihr wieder bedenkenlos eine Einladung zum Essen annehmen. **Karen, 28 Jahre, Verkäuferin**

Eine Klassenkameradin fragte mich einmal, was für mich Freiheit bedeute, und ich antwortete: herzhaft in einen Camembert zu beißen. Ich liebe einfach dieses Gefühl und den Geschmack. Auch heute noch nehme ich mir gelegentlich die Freiheit. **Sonja, 39 Jahre, Tennislehrerin**

In der Schulkantine fand ich es immer schrecklich ungerecht, dass nur die Erwachsenen einen Käseteller bekamen. Also unterzeichnete ich mit einigen Schulkameraden eine Petition, die wir den Lehrern präsentierten – die haben sich darüber köstlich amüsiert. **Emma, 43 Jahre, Projektleiterin**

Als wir mit unserer Jugendgruppe ins Skilager fuhren, steckte mir meine Mutter vor der Abfahrt ein paar Schokoriegel in die Tasche – damit ich Kraft für die Piste tanken konnte. Nachts im Schlafsaal haben meine Freundin und ich die süßen Leckereien dann heimlich vernascht. **Anne, 30 Jahre, Pressesprecherin**

Blätterteigtaschen mit Schmelzkäse

Erinnern Sie sich noch an die Urlaube auf dem Bauernhof mit Ihrer Familie? Und hatten Sie auch Lieblingskühe? Vielleicht waren es »Heidi« und »Klara«, die gemächlich auf der Wiese hinter dem Bauernhof ihr Gras wiederkäuten und sich sogar streicheln ließen. Manch einer hat wohl auch eine lila Lieblingskuh, eine Spezies, die entgegen einer weit verbreiteten (Kinder-)Meinung in der Realität eher selten ist. Wie auch immer, hätten wir die Kühe nicht, würde es dieses Rezept nicht geben.

Für 4 Personen

- 2 Esslöffel Essig
- 2 Teelöffel Senf
- Salz
- 6 Esslöffel Öl
- 20 Schnittlauchstängel
- 10 Minzeblättchen
- 2 Rollen Blätterteig
- 8 Schmelzkäse-Dreiecke
- 1 Eigelb
- 1 Kopfsalat

Den Ofen auf 180 °C (Gas: Stufe 2) vorheizen.

Essig, Senf, 1 Prise Salz und das Öl in einer großen Schüssel verrühren. Die Kräuter klein hacken.

Einen Blätterteig ausrollen. Ein Käsedreieck darauflegen und ein Teigdreieck ausschneiden, das ringsum jeweils 1 cm breiter ist als der Schmelzkäse. 7 weitere Dreiecke ausschneiden. Mit dem zweiten Blätterteig ebenso verfahren. Auf 8 Teigdreiecke einen Schmelzkäse legen, jeweils mit einem Teigdreieck bedecken und die Ränder gut zusammendrücken, damit der Käse beim Backen nicht herausläuft. Die Oberseite der Dreiecke mit dem verquirlten Eigelb bestreichen. Die Blätterteigtaschen auf ein mit Backpapier ausgelegtes Backblech setzen und ca. 10 Minuten im Ofen goldgelb backen.

Den Salat putzen, waschen, trockenschütteln, in mundgerechte Stücke zupfen und unter das Dressing mischen. Auf 4 Teller verteilen und die Kräuter darüberstreuen. Die heißen Blätterteigtaschen daraufsetzen und sofort servieren.

Tomaten-Orangen-Buchstabensuppe

Buchstabensuppe, der Inbegriff kulinarischer Kindheitserlebnisse. Man fischte nach einem A, das sich zwischen den Karotten versteckt hatte, hinter dem Kartoffelstück entdeckte man vielleicht ein B und unter dem Lauch, genau, da holte man das C hervor. Beim Essen ließen sich so ganz nebenbei etwa der eigene Name oder Fantasieworte auf den Tellerrand legen.

Für 4 Personen

- 1 Zwiebel
- 2 Knoblauchzehen
- 1 kg Tomaten
- 2 Orangen
- 2 Esslöffel Olivenöl
- 1 Teelöffel Puderzucker
- Salz und frisch gemahlener Pfeffer
- 1 Päckchen Buchstabensuppe

Die Zwiebel und die Knoblauchzehen abziehen und fein hacken. Die Tomaten waschen, trockentupfen, von den Stielansätzen befreien und vierteln. Die Orangen auspressen.

Das Öl auf mittlerer Stufe in einem Topf erhitzen. Zwiebeln und Knoblauch darin ca. 5 Minuten unter gelegentlichem Rühren glasig dünsten. Die Tomaten und den Puderzucker unterrühren. Leicht salzen und pfeffern. Den Deckel auflegen und alles 15 Minuten köcheln lassen.

Inzwischen die Buchstabensuppe nach Packungsanweisung zubereiten und die Brühe abgießen.

Die Tomatenmischung im Mixer pürieren. Den Orangensaft unterrühren. Die Buchstabennudeln auf 4 Teller verteilen und die Suppe darübergeben.

Kastaniensuppe mit Lakritze

»Iss deine Suppe, damit du groß und stark wirst!« – Diesen Satz kennen wir wohl alle. Oft war die Suppe allerdings für das Auge nicht gerade ansprechend. Der zu lange gegarte Lauch trieb lustlos in einem undefinierbaren flüssigen Etwas neben den Karotten, die das gleiche Schicksal ereilt hatte. Kein Wunder, dass man in solch einer Suppe nur schmollend mit dem Löffel herumstochert. Mit unserer Suppe kurieren wir das Kindheitstrauma.

Für 4 Personen

- 400 g Kastanien (aus der Dose)
- 1 rote Zwiebel
- 200 g Champignons
- 1 Stück Lakritze (etwa 1 cm)
- 20 g Butter
- ½ l Instantgemüsebrühe
- Salz und frisch gemahlener Pfeffer
- 100 g Schlagsahne

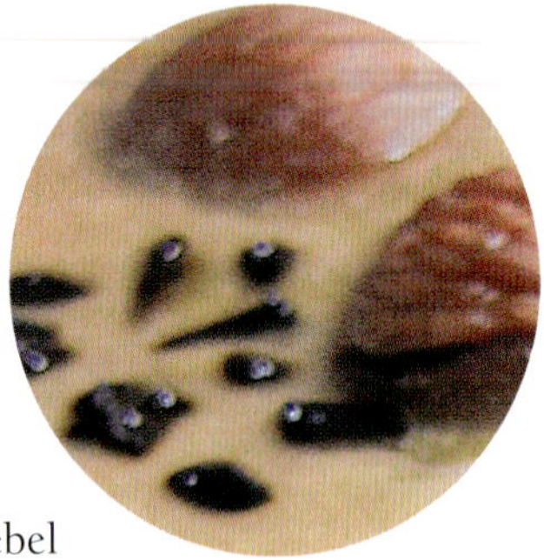

Die Kastanien abtropfen lassen. Die Zwiebel abziehen und fein hacken. Die Champignons abreiben und klein schneiden. Das Lakritzestück ebenfalls klein schneiden.

Die Butter bei milder Hitze in einem Topf zerlassen. Zwiebeln und Champignons darin unter Rühren 5 Minuten dünsten. Gemüsebrühe und Kastanien zufügen. Salzen, pfeffern und alles ca. 20 Minuten garen. Einige Kastanien beiseite legen, den Rest mit dem Stabmixer pürieren.

Die Schlagsahne und die Lakritze in einem Topf erhitzen. Das Kastanienpüree untermischen. Wenn die Suppe zu dick ist, ein wenig Wasser angießen. Mit Salz und Pfeffer abschmecken. Die Suppe auf 4 Teller verteilen und die Kastanien daraufsetzen.

Blumenkohlcremesuppe mit Rübenchips

Gemüse steht bei Kindern eher selten ganz oben auf der Liste der Lieblingsspeisen. Blumenkohl gehört für gewöhnlich sogar zu den Sorten, um die der Nachwuchs einen großen Bogen schlägt. Bei unserem Rezept jedoch vergessen Ihre Sprösslinge, dass sie Blumenkohl gar nicht mögen.

Für 4 Personen

- 2 kleine Hühnerbrustfilets
- Frittieröl
- 1 gekochte Rote Bete
- 1 kleiner Blumenkohl
- ½ l Geflügelbrühe
- 400 ml Kokosmilch
- 3 Esslöffel Öl
- Salz
- frisch gemahlener Pfeffer

Die Hühnerbrustfilets in kleine Stücke schneiden.

Das Öl in der Fritteuse auf 180 °C erhitzen.

Die Rote Bete in hauchdünne Scheiben hobeln, ca. 3 Minuten frittieren und auf Küchenpapier abtropfen lassen.

Den Blumenkohl waschen, putzen und in kleine Röschen teilen. Die Brühe in einem Topf zum Kochen bringen und den Blumenkohl darin 15 Minuten garen. Abgießen, mit dem Stabmixer pürieren und mit der Kokosmilch vermischen. Die Mischung in einen Topf gießen und bei milder Hitze erwärmen.

Das Öl auf mittlerer Stufe in einer Pfanne erhitzen. Das Fleisch darin unter gelegentlichem Wenden ca. 10 Minuten braten (es darf nicht braun werden). Salzen und pfeffern. Das Fleisch im Mixer so pürieren, dass noch Stückchen zu erkennen sind. Das Fleischpüree unter die Cremesuppe rühren und erwärmen.

Die Blumenkohlcremesuppe in 4 Suppentassen verteilen, mit den Rübenchips garnieren und servieren.

Kartoffel-Käse-Püree

Kartoffelpüree – das Kindergericht schlechthin! Hausgemacht oder aus dem Päckchen, mit Schinken oder Röstzwiebeln verfeinert, stillt es den großen und kleinen Hunger. Das Original wird bei uns mit Parmesan und Basilikum veredelt und im neuen Look serviert.

Für 4 Personen

- 1 kg Kartoffeln
- 8 Esslöffel Olivenöl
- 1 Teelöffel Salz
- 20 Basilikumblättchen
- 100 g Parmesan im Stück
- 12 Scheiben roher Schinken (Parma, San Daniele, Serrano …)

Die Kartoffeln schälen, in einen Topf geben, mit Wasser bedecken und je nach Größe 20 bis 30 Minuten garen. Abgießen, durch die Kartoffelpresse in eine Schüssel drücken, mit dem Öl vermischen und salzen.

Die Basilikumblättchen (bis auf 4 Stück) fein hacken und den Parmesan mit dem Gemüseschäler in feine Scheiben hobeln. Zwei Drittel der Scheiben mit dem zerkleinerten Basilikum unter das Püree mischen. Alles in einen Topf geben und bei milder Hitze erwärmen.

Das Kartoffelpüree auf 4 Teller verteilen, mit jeweils 3 Scheiben Schinken »umrahmen«, mit je einem Basilikumblatt garnieren und den übrigen Parmesan darübergeben.

Farbenfrohe Püreevariationen

Diese Pürees haben es in sich. Sie kitzeln den Kleinkindgaumen ebenso wie die erprobten Geschmacksnerven erwachsener Genießer.

Brokkolipüree mit Curry

Für 4 Personen

- 1 kg Brokkoli
- 100 g Schlagsahne
- Salz
- frisch gemahlener Pfeffer
- 1 Teelöffel Currypulver

Den Brokkoli waschen und in Röschen teilen. Wasser in einem Topf aufkochen und die Röschen 10 Minuten darin garen. Abtropfen lassen, mit der Sahne in den Mixer geben und pürieren. Mit Salz und Pfeffer abschmecken. Das Püree in ein Schälchen geben und mit Currypulver bestäuben.

Selleriepüree mit Paprika

Für 4 Personen

- 750 g Knollensellerie
- Salz
- frisch gemahlener Pfeffer
- 20 g Butter
- 1 Teelöffel Paprikapulver

Den Sellerie putzen, schälen und würfeln. Wasser in einem Topf aufkochen, den Sellerie 30 Minuten darin garen und abgießen. Im Mixer mit der Butter pürieren und mit Salz und Pfeffer abschmecken. Das Püree in ein Schälchen geben und mit Paprikapulver bestäuben.

Karottenpüree mit Kümmel

Für 4 Personen

- 750 g Karotten
- 100 g Schlagsahne
- Salz
- frisch gemahlener Pfeffer
- 1 Teelöffel Kümmel

Die Karotten schälen und in Stücke schneiden. Wasser in einem Topf aufkochen, die Karotten 25 Minuten darin garen und abgießen. Mit der Sahne in den Mixer geben und pürieren. Mit Salz und Pfeffer abschmecken. Das Püree in ein Schälchen geben und mit Kümmel bestreuen.

Käsepüree-Fondue

Die Idee ist ebenso einfach wie genial: Laden Sie doch Ihre Freunde einmal zu einem »Käsepüree-Fondueabend« in gemütlicher Atmosphäre ein: Käse, lockeres Püree und saftiges Fleisch gehen eine ungewöhnliche Verbindung ein.

Für 4 Personen

- ½ l Milch
- 125 g Püreeflocken
- 2 Eier
- 200 g geriebener Emmentaler
- Salz
- frisch gemahlener Pfeffer
- 800 g Rindfleisch
- 4 Esslöffel Öl

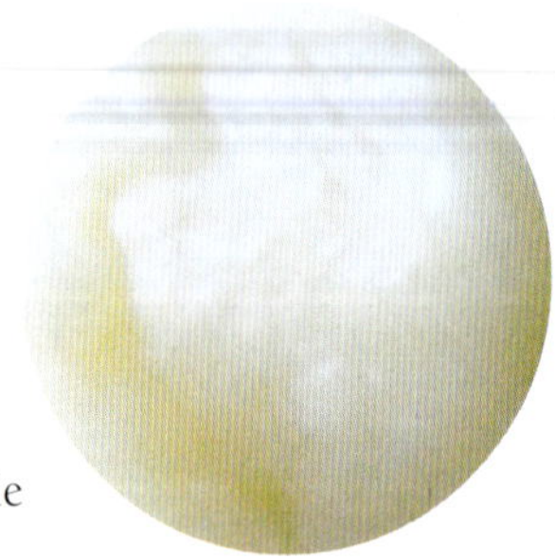

Die Milch mit ¼ l Wasser in einem Topf aufkochen. Den Topf vom Herd nehmen und die Püreeflocken unterrühren.

Die Eier verquirlen und mit dem Emmentaler unter das Püree mischen. Salzen und pfeffern. Den Topf wieder auf den Herd stellen und das Püree bei milder Hitze unter gelegentlichem Rühren erwärmen, damit der Käse schmilzt.

Inzwischen das Rindfleisch in etwa 2 cm große Würfel schneiden. 2 Esslöffel Öl auf höchster Stufe in einer Pfanne erhitzen. Die Hälfte der Rindfleischwürfel darin braten (blutig, medium oder durch). Salzen und pfeffern. Das Fleisch herausnehmen und auf eine Servierplatte legen. Den Vorgang mit dem übrigen Fleisch wiederholen.

Den Topf mit dem Püree auf einer Wärmeplatte auf den Tisch stellen. Die Fleischwürfel auf Fonduegabeln stecken und los gehts!

Polarcreme mit Curaçao-Eisbergen

»Was ist das Gegenteil von einem gelben Vogel auf einem schwarzen Ast«? Erinnern Sie sich noch an solche Ratespiele auf dem Schulhof? Diese meist eher sinnfreien Kinderrätsel haben uns zu unserem Creme-Rezept inspiriert. Also, was ist das Gegenteil von Crème brulée? Pudding? Falsch! Die Antwort lautet: Polarcreme.

Für 2 Personen

- ½ Orange
- ¼ l Milch
- 3 Eigelb
- 70 g Puderzucker
- 1 Teelöffel Orangenblütenwasser
- 3 Esslöffel Maisstärke
- 5 cl Blue Curaçao

Die Orangenschale mit dem Zestenreißer abziehen. Die Milch bis auf 3 Esslöffel mit den Orangenzesten in einem Topf bei mittlerer Hitze erwärmen. Sobald sie kocht, den Topf vom Herd nehmen, den Deckel auflegen und die Milch-Orangen-Mischung ziehen lassen.

Die Eigelbe mit 50 g Puderzucker in einer Schüssel zu einer schaumigen Masse verschlagen. Das Orangenblütenwasser unterziehen. Die Mischung in einen Topf geben.

Die Maisstärke in einem Schälchen mit der übrigen Milch verrühren und mit dem Schneebesen unter die Zuckermischung rühren. 15 Minuten bei milder Hitze unter gelegentlichem Rühren andicken lassen. Die Creme in 2 Schälchen füllen und mindestens 2 Stunden im Kühlschrank ruhen lassen.

Für die Dekoration den restlichen Puderzucker in einem Topf in 5 cl Blue Curaçao auflösen. Erhitzen, bis ein sehr zäher Sirup entsteht. Den Sirup auf einem Stück Backpapier verteilen und aushärten lassen. In Stücke brechen und die Creme damit verzieren.

Tipp: Bestreichen Sie die Polarcreme mit einer Mischung aus 1 Teelöffel Blue Curaçao und 2 Esslöffeln Schlagsahne. Dann wirkt die Oberfläche schön glatt und schimmert genauso bläulich wie auf dem Foto.

Weiße Mousse au Chocolat

Nach zahlreichen Misserfolgen ist es uns endlich geglückt, eine traumhafte Mousse au Chocolat mit dem unverwechselbaren Geschmack weißer Schokolade zu zaubern. Getestet und für gut befunden!

Für 4 Personen

- 1 Blatt weiße Gelatine
- 1 Ei
- 20 g Puderzucker
- 50 ml Milch
- 150 g weiße Schokolade
- 200 g Schlagsahne

Die Gelatine nach Packungsanweisung einweichen.

Das Eigelb vom Eiweiß trennen. Eigelb, Zucker und Milch in einem Topf verrühren und bei milder Hitze zum Kochen bringen. Unter Rühren eindicken lassen. Die Mischung in eine Schüssel geben.

Die weiße Schokolade in Stücke brechen, in einem Topf bei milder Hitze unter Rühren schmelzen und unter die Milchcreme heben. Das Gelatineblatt in 1 Esslöffel heißem Wasser auflösen und unter die Creme mischen.

Das Eiweiß mit dem Handrührgerät zu steifem Schnee schlagen. Die Sahne steif schlagen und mit dem Eischnee vorsichtig unter die Creme heben.

Die Mousse au Chocolat in 4 Gläser verteilen und über Nacht in den Kühlschrank stellen.

Tipp: Die Mousse au Chocolat erhält eine besondere Geschmacksnote, wenn Sie 1 Esslöffel Schoko-Sahne-Likör unter die Milch mischen.

Kokosreis auf Mangochips

Erinnern Sie sich noch an die Leseabenteuer Ihrer Jugend, an exotische Regionen wie in »Die Schatzinsel« oder an Pippis Taka-Tuka-Land. Und exotisch ist auch unser Rezept. Der Milchreis wird in Kokosmilch und Kuhmilch gekocht und findet in den knusprigen Mangochips einen reizvollen Kontrast. Die frischen Mangostreifen krönen das Ganze mit einem fruchtigen Akzent.

Für 2 Personen

- Frittieröl
- 1 Mango
- 1 Vanilleschote
- 50 g Milchreis
- 100 ml Kokosmilch
- 100 ml Milch
- 10 g Puderzucker

Das Öl in der Fritteuse auf 180 °C erhitzen.

Die Mango schälen und mit dem Gemüsehobel in 12 feine Scheiben schneiden. 1 Scheibe in schmale Streifen schneiden und zum Garnieren beiseite legen. Die übrigen Scheiben in 2 Gängen jeweils ca. 3 Minuten goldbraun frittieren. Auf Küchenpapier abtropfen und abkühlen lassen.

Die Vanilleschote der Länge nach mit einem spitzen Messer aufschlitzen. Reis, Kokosmilch, Milch, Zucker und die Vanilleschote in einen Topf geben. Den Reis bei milder Hitze unter gelegentlichem Rühren 20 bis 30 Minuten köcheln lassen, bis er die Flüssigkeit aufgesaugt hat und weich ist. Die Vanilleschote herausnehmen.

Den Reis auf den Mangochips anrichten und mit den Mangostreifen sowie jeweils einem Stück Vanilleschote garnieren.

Karotten-Bananen-Creme mit Kardamom

Wer hätte gedacht, dass man mit Karotten und Bananen eine delikate Creme zubereiten kann? Unser Rezept beweist, wie vielfältig die gemeine Mohrrübe und die Banane sind, die in diesem Fall einen Hauch von Orient vermitteln. Insbesondere im Winter ist die Karotten-Bananen-Creme eine köstliche Zwischenmahlzeit.

Für 2 Personen

- 330 ml Milch
- 1 Karotte
- 1 Banane
- 15 g Rosinen
- 40 g Puderzucker
- 1 Prise gemahlener Zimt
- 1 Prise Kardamom
- 50 g Schlagsahne
- 1 Esslöffel gehackte Pistazien

Die Milch in einem Topf bei mittlerer Hitze aufkochen und bei milder Hitze unter gelegentlichem Rühren in ca. 30 Minuten auf die Hälfte reduzieren.

Inzwischen die Karotte schälen und raspeln. Die Banane schälen und in kleine Stücke schneiden. Karottenraspel, Bananenstücke und Rosinen in die Milch geben. 15 Minuten unter gelegentlichem Rühren köcheln lassen.

Zucker, Zimt, Kardamom und die Schlagsahne unterrühren, bis der Zucker vollständig aufgelöst ist.

Die Karottencreme auf 2 Teller verteilen, mit den Pistazien bestreuen und servieren.

Karamellcreme mit Orangenblütenwasser

Diese Süßspeise kommt ursprünglich aus Lateinamerika, wo man sie als »Dulce de leche« (etwa: »Süßigkeit aus Milch«) traditionell aus Vollmilch herstellt, die 5 bis 6 Stunden eingekocht wird. Weil uns das zu lange dauert, haben wir uns für eine Expressvariante entschieden, die schmeckt genauso gut und ist schneller zubereitet. Bei diesem Gericht ist die Konsistenz das A und O. Wird die Kondensmilch nicht lange genug gekocht, bleibt die Creme flüssig. Wird sie zu lange gekocht, wird sie zu dick, klebrig und klumpig. Also, immer schön im Auge behalten.

Für 1 Glas

- 1 Packung gesüßte Kondensmilch
- 3 Esslöffel Orangenblütenwasser

Die Kondensmilch in einem Topf bei milder Hitze unter regelmäßigem Rühren ca. 1 Stunde köcheln lassen. Hin und wieder kosten, um die Konsistenz zu prüfen. Wenn die Creme die gewünschte Konsistenz (nicht zu dick, nicht zu dünnflüssig) hat, den Topf vom Herd nehmen.

Die Creme in eine Schüssel geben, das Orangenblütenwasser zufügen und alles mit dem Handrührgerät zu einer glatten Masse rühren.

Tipp: Wundern Sie sich nicht, wenn die Kondensmilch anfangs braun aufklumpt, das ist ganz normal. Die Klumpen verschwinden während des Kochens wieder.

Vanillecreme mit Lebkuchenschnitten

Die Zubereitung ist nicht ganz ohne, lohnt aber. Probieren Sie es aus, sonst entgeht Ihnen wirklich etwas.

Für 4 Personen

- 5 Eier
- 50 g Puderzucker
- ¾ l Milch
- 4 Filoteigblätter
- 1 rechteckiger Lebkuchen
- Zucker
- 20 g Butter

Von 4 Eiern vorsichtig 4 Deckel abschneiden und das Innere so durch die Finger gleiten lassen, dass Eigelb und Eiweiß voneinander getrennt werden. ½ l Milch in einem Topf bei mittlerer Hitze aufkochen. Den Topf vom Herd nehmen. Die Eigelbe mit dem Zucker in einer Schüssel cremig rühren. Die Milch nach und nach mit dem Schneebesen unter die Eigelb-Zucker-Mischung schlagen. Alles in einen Topf geben und bei milder Hitze unter Rühren eindicken lassen. Den Topf vom Herd nehmen und die Creme abkühlen lassen.

Den Ofen auf 175 °C (Gas: Stufe 2) vorheizen.

Die Filoteigblätter mit einem Messer so ausschneiden, dass jeweils eine zusammenhängende Spirale entsteht. Diese zu Nestern formen. Die Nester auf ein mit Backpapier ausgelegtes Backblech setzen und ca. 5 Minuten im Ofen goldbraun backen. Aus dem Ofen nehmen und mit Zucker bestreuen.

Das übrige Ei in einer kleinen Schüssel mit einer Gabel verquirlen. Die restliche Milch in einen tiefen Teller gießen. Den Lebkuchen in 4 Streifen schneiden, in die Milch tauchen und im verquirlten Ei wenden. Die Butter in einer Pfanne auf milder Stufe zerlassen und die Lebkuchenstreifen darin ringsum bräunen.

Die Vanillecreme in die 4 Eierschalen verteilen, jeweils ein Stück Lebkuchen hineinstecken. Die gefüllten Eier auf die Filoteig-Nester setzen und servieren.

Apfelchips-Sahne-Sandwiches

Sahneschlagen ist bei den Kleinen besonders beliebt, bei den Müttern hingegen weniger, zumindest, wenn der Dreikäsehoch das allein in die Hand nehmen will. Die Fingerchen können das Handrührgerät kaum halten, geschweige denn so bedienen, dass sich die Sahne nicht über die ganze Küche verteilt. Na, dann nehmen wir doch einfach Sprühsahne. Einmal kurz geschüttelt, fertig. Aber der Geschmack … Und mal ehrlich, muss man denn den Kleinen jeden Spaß verderben?

Für 2 Personen

- Frittieröl
- 2 feste Äpfel
- 200 g Schlagsahne
- 20 g Puderzucker
- 1 Teelöffel gemahlener Zimt

Das Öl in der Fritteuse auf 180 °C erhitzen.

Die ungeschälten Äpfel mit dem Gemüsehobel oder einem Messer in 18 sehr dünne Scheiben schneiden. Die Kerne entfernen. Die Hälfte der Scheiben ca. 3 Minuten frittieren, herausnehmen, auf Küchenpapier abtropfen und abkühlen lassen. Mit den übrigen Apfelscheiben ebenso verfahren.

Die Sahne mit dem Handrührgerät in einer Schüssel steif schlagen, dabei den Puderzucker und den Zimt einrieseln lassen. Einen Apfelchip auf eine Servierplatte legen und mit Sahne bestreichen. Einen zweiten Chip darüberlegen, ebenfalls mit Sahne bestreichen und einen dritten Apfelchip daraufsetzen. Den Vorgang mit den übrigen Apfelchips und der restlichen Sahne wiederholen.

Erdbeeren im Gewürzwein auf süßer Milch

Weinerdbeeren oder Erdbeeren mit Milch? Quälen Sie sich nicht mit der Entscheidung herum, mixen Sie einfach beides – wie bei einem aus mehreren Schichten bestehenden Cocktail. Die Milch zieht bei der sanften Berührung mit dem Wein zarte Fäden und das Rot der Erdbeeren schimmert bald kaum noch aus der samtig dunklen Flüssigkeit.

Für 4 Personen

- 200 ml Rotwein
- 1 kleine Zimtstange
- 1 Gewürznelke
- 1 Prise geriebene Muskatnuss
- 2 Esslöffel Puderzucker
- 4 Erdbeeren
- 8 Esslöffel gesüßte Kondensmilch

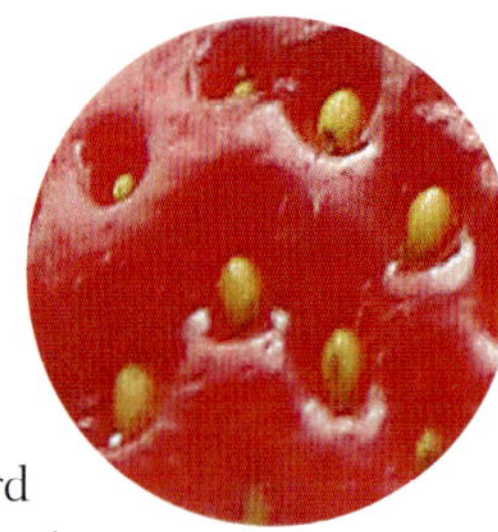

Den Wein in einen Topf gießen. Zimtstange, Gewürznelke und Muskatnuss zufügen. Den Wein auf milder Stufe erhitzen. Den Zucker unterrühren. Er muss sich vollständig auflösen. Den Herd ausschalten, den Topf abdecken und den Gewürzwein vollständig abkühlen lassen.

Die Erdbeeren waschen und putzen. Jeweils 2 Esslöffel Kondensmilch (vielleicht auch etwas mehr) in 4 kleine Gläser gießen. Den Wein durch ein Sieb gießen und auffangen. Vorsichtig über die Milch gießen und mit je 1 Erdbeere garnieren.

Tipp: Wenn Sie nur zu zweit sind, umso besser, dann bekommt jeder zwei Gläser dieses fruchtigen »Cocktails«.

Süsse Erinnerungen

Kindheitserinnerungen

Meine liebsten Erinnerungen an gemeinsame Familienessen sind die Käsefondues, bei denen wir im Skiurlaub zusammensaßen. Im Kamin knisterte das Holz und das Feuer verbreitete eine wohlige Wärme. Nach dem Essen gab es Glühwein für die Großen und Kinderpunsch für die Kleinen. Diese Abende waren schon etwas Besonderes. **Marie, 37 Jahre, Produktionsleiterin**

Ich erinnere mich noch bestens an den Hauswirtschaftsunterricht in der Schule. Natürlich zierten wir Jungs uns schon ein bisschen. Ganz nach dem Motto: »Kochen ist Frauensache.« Ich muss allerdings gestehen, es hat richtig Spaß gemacht. **Erich, 30 Jahre, Ingenieur**

Beruflich bin ich viel in Frankreich unterwegs. Einmal habe ich in der Zeitung von einer Gloubiboulga-Party gelesen. Da musste ich hin! Sie kennen Gloubiboulga nicht? Nun, das ist eine Mischung aus: überreifen Bananen, Erdbeermarmelade, Schokoladenstreusel, Dijon-Senf und fast rohen, aber lauwarmen Würsten. Klingt gut, was? **Stefan, 34 Jahre, Dolmetscher**

Ich bin jedes Jahr mit meinen Cousins in die Ferien gefahren. Und jedes Jahr nahmen wir uns vor, heimlich eine Mitternachtsparty zu feiern. Eine Woche vor der Abreise horteten wir Süßigkeiten. Doch leider haben wir es nie geschafft, um Mitternacht auch wirklich aufzustehen. Die Süßigkeiten sind aber trotzdem nicht mehr mit nach Hause zurückgekehrt. **Lisa, 23 Jahre, StudentIn**

Ich war einmal in einem Jugendcamp, wo es zuging wie bei Robinson. Wir verpflegten uns mit dem, was die Natur hergibt: Fische, Pilze, Früchte und Beeren. – Saure Früchte oder Beeren mit einer Prise Zucker gesüßt. Was gibt es Herrlicheres! Zucker? Na ja, ich weiß nicht mehr so genau, ob wir den Zucker auch da draußen gefunden haben. Vielleicht hatten wir ja doch ein paar Vorräte aus dem Supermarkt dabei, vorsichtshalber. **Xavier, 28 Jahre, Journalist**

Toast mit Geflügelleberwurst und Zwiebelchutney

Kinder lieben Sirup. Erwachsene lieben Geflügelleber. Ein kulinarischer Generationskonflikt, den wir mit unserem Rezept lösen.

Für 4 Personen

- 300 g rote Zwiebeln
- 3 Esslöffel Olivenöl
- 60 g Puderzucker
- 1 Esslöffel Balsamico
- 3 Esslöffel Grenadinesirup
- 3 Esslöffel Rotwein
- 8 Scheiben Vollkorntoast
- 150 g Geflügelleberwurst
- Meersalz
- frisch gemahlener Pfeffer

Die Zwiebeln schälen und in kleine Stücke schneiden. Das Öl in einem Topf erhitzen. Die Zwiebeln zufügen und bei milder Hitze im geschlossenen Topf ca. 30 Minuten dünsten. Sie sollen glasig bleiben, nicht bräunen.

Zucker, Essig, Grenadinesirup und Rotwein unter die Zwiebeln rühren und alles weitere 45 Minuten bei milder Hitze dünsten. Den Topf vom Herd nehmen und die Mischung abkühlen lassen.

Kurz vor dem Servieren die Toastscheiben im Toaster rösten. Dick mit der Leberwurst bestreichen und das Zwiebelchutney darübergeben. Mit etwas Salz und Pfeffer würzen und sofort servieren.

Tipp: Wenn Sie die Toastscheiben auf einem mit Backpapier ausgelegten Backblech im Ofen rösten, sind alle Toasts gleichzeitig fertig und können warm serviert werden.

Linsensalat mit Knackwürstchen

Knackwürstchen, Wiener, Frankfurter – egal wie man sie nennt, sie gehören im Allgemeinen zu den Lieblingsspeisen der Kinder. Als wir unsere Rezeptliste zusammenstellten, durften die Würstchen natürlich nicht fehlen. Aber was soll man zu den Knackern servieren? Wir haben uns entschieden, sie längs zu halbieren, zu braten und mit einem lauwarmen Linsensalat zu kombinieren, der nichts mit dem am Samstagabend schnell aufgewärmten Dosengericht gemein hat. Die Dekoration erledigt den Rest.

Für 4 Personen

- 20 g Butter
- 1 Zwiebel
- 2 Knoblauchzehen
- 1 Kräutersträußchen
- 300 g grüne Linsen
- 2 Esslöffel Essig
- 2 Teelöffel Senf
- 8 Esslöffel Öl
- 20 Schnittlauchstängel
- 8 Knackwürstchen

Die Butter in einem Topf bei milder Hitze zerlassen. Die Zwiebel und den Knoblauch abziehen und fein hacken. 5 Minuten in der Butter glasig dünsten. Das Kräutersträußchen und die Linsen dazugeben. Die Linsen mit Wasser bedecken und im geschlossenen Topf bei milder Hitze ca. 45 Minuten köcheln lassen, bis die Flüssigkeit aufgesaugt ist, andernfalls weitere 5 Minuten köcheln lassen.

Für das Dressing den Essig, den Senf und 6 Esslöffel Öl in einer Schüssel verrühren. Den Schnittlauch in Röllchen schneiden.

Den Topf mit den Linsen vom Herd nehmen und alles etwas abkühlen lassen. Die Würstchen der Länge nach halbieren. Das restliche Öl auf höchster Stufe in einer Pfanne erhitzen. Die Würstchen mit der Fleischseite nach unten darin ca. 2 Minuten knusprig anbraten.

Die Linsen unter das Dressing mischen. Auf 4 Teller verteilen, mit den Würstchen und dem Schnittlauch garnieren und lauwarm servieren.

Schokohähnchenschenkel

Ein Rezept, dessen Original aus aztekischer Zeit stammt. Die Azteken ließen die Soße allerdings 3 Tage lang köcheln, bevor sie das Geflügel damit übergossen. Unser Rezept, eine vereinfachte, aber nicht minder köstliche Variante sollte auch Skeptiker überzeugen. Auf Naserümpfen kann es in diesem Fall nur eine Antwort geben: »Probieren!«

Für 2 Personen

- 3 Esslöffel Öl
- 2 Hähnchenschenkel
- Salz
- frisch gemahlener Pfeffer
- 120 ml Instantgeflügelbrühe
- 1 Teelöffel Tomatenmark
- 1 Zwiebel
- 20 g Zartbitterschokolade
- 1 Teelöffel Zucker
- 1 Teelöffel gemahlener Zimt
- 1 Teelöffel Schlagsahne
- Schokoraspel

2 Esslöffel Öl in einem Bräter erhitzen. Die Hähnchenschenkel hineinlegen 10 Minuten goldbraun schmoren, wenden und von der anderen Seite ebenfalls 10 Minuten garen. Salzen, pfeffern, aus dem Bräter nehmen und beiseite legen.

Die Geflügelbrühe in einem Topf aufkochen. Das Tomatenmark unterrühren.

Die Zwiebel schälen und klein hacken. Das restliche Öl im Bräter erhitzen und die Zwiebeln darin bei milder Hitze 5 Minuten glasig dünsten. Die Schokolade zerbröckeln, zufügen und unter Rühren zerlassen. Zucker und Zimt untermischen.

Die Geflügelbrühe mit dem Tomatenmark angießen, gut vermischen und mit Salz und Pfeffer abschmecken. Die Hähnchenschenkel zufügen und bei milder Hitze 15 Minuten im geschlossenen Bräter schmoren lassen. Die Sahne angießen. Die Soße kurz aufkochen und eindicken lassen.

Die Soße auf 2 Teller verteilen und die Hähnchenschenkel darauflegen. Schokoraspel darüberstreuen und servieren.

Karamellisierte Gemüsebonbons

Man muss nicht lange suchen, wenn man die Entstehung des Wortes »Bonbon« ergründen möchte: Das französische Wort »bon« (»gut«), wird einfach verdoppelt. Das können schon die Kleinsten, denn das Wort ähnelt anderen Wörtern aus der Kindersprache wie Mama oder Papa. Bei Gemüse, das in Karamellbonbons verzaubert ist, bekommen selbst die Sprösslinge leuchtende Augen.

Für 2 Personen (Beilage)

- 2 Rote Beten
- 1 dicke Karotte
- 2 dicke Kartoffeln
- 4 Esslöffel flüssiger Honig
- 10 kleine, getrocknete Thymianstängel
- Pfeffer

Das Gemüse schälen. In einen Topf mit kochendem Wasser geben, 15 Minuten garen und abgießen. Mit einem Kugelausstecher kleine Kugeln aus dem Gemüse stechen.

2 Esslöffel Honig mit dem Thymian auf milder Stufe in einer beschichteten Pfanne erhitzen. Die Gemüsekugeln zufügen und mit dem restlichen Honig beträufeln. Alles 10 Minuten unter Wenden garen. Die Temperatur auf mittlere Stufe erhöhen und das Gemüse 5 Minuten unter Wenden weitergaren. Mit Pfeffer würzen und servieren.

Tipp: Die Gemüsebonbons passen als Beilage zum Beispiel sehr gut zu Entenbrust.

Eiskugeln mit roher Teigfüllung

Jeder weiß, dass man es nicht tun sollte: Man isst keinen rohen Kuchenteig, der schlägt auf den Magen! Aber er schmeckt nun mal so gut. Die Idee, den Teig mit Eiscreme zu kombinieren, stammt allerdings nicht von uns, sondern von einem amerikanischen Eiscreme-Fabrikanten.

Für 4 Personen

- 50 g Butter
- 110 g Mehl
- 50 g Puderzucker
- 1 Esslöffel Milch
- 1 l Schokoladeneis
- Mandelblättchen

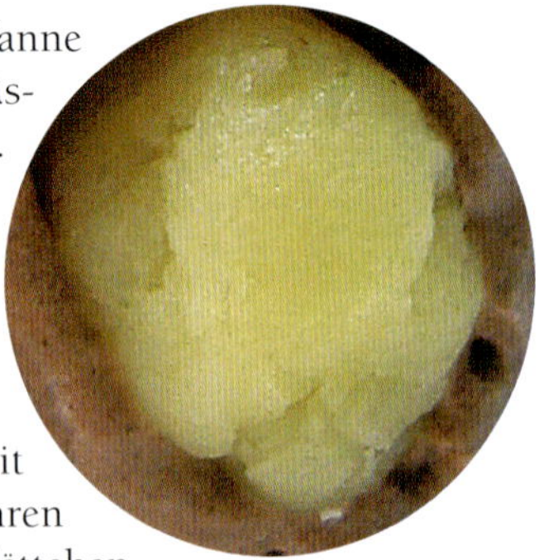

Die Butter bei milder Hitze in einer Pfanne zerlassen und mit dem Mehl in einer Schüssel zu einem krümeligen Teig vermengen. Den Zucker und die Milch dazugeben und alles zu einem glatten Teig verkneten. Den Teig zu einer Kugel formen. Daraus kleine Portionen entnehmen und zu Teigkügelchen formen.

Je 2 Eiskugeln auf einen Teller legen, mit einem Löffelstiel kleine Löcher hineinbohren und die Teigkugeln sowie die Mandelblättchen hineinstecken. Sofort servieren.

Tipp: Sie können die Mandelblättchen beispielsweise auch durch in kleine Stücke gebrochenen Nugat oder durch (ungesalzene) Erdnüsse ersetzen.

Schokoladenkuchen mit Bananenpüree

Die süße Verführung schlechthin – allerdings ist sie wegen des Alkohols den Erwachsenen vorbehalten.

Für 8 Personen

- 4 Bananen
- 90 g Butter
- 2 Esslöffel Puderzucker
- 300 g Zartbitterschokolade
- 4 cl Rum
- 500 g Schlagsahne

2 Bananen schälen und längs halbieren. 2 kleine Stücke Butter bei milder Hitze in einer Pfanne zerlassen. Die Bananenhälften darauflegen und mit dem Zucker bestäuben. Nach ca. 10 Minuten wenden und die andere Seite anbraten. Die Bananen aus der Pfanne nehmen und abkühlen lassen.

Die Schokolade mit der übrigen Butter und dem Rum im heißen Wasserbad unter Rühren schmelzen und abkühlen lassen.

Die Sahne mit dem Handrührgerät in einer Schüssel sehr steif schlagen und vorsichtig unter die Schokoladenmischung heben. Eine Kastenform mit Alufolie auskleiden. Etwa ein Drittel der Schokoladenmischung hineingeben und 2 gebackene Bananenhälften darauflegen. Das zweite Drittel der Schokoladenmischung darübergeben, die übrigen Bananenhälften darauflegen und mit der restlichen Schokoladenmischung bedecken. Die Form mindestens 4 Stunden in den Kühlschrank stellen.

Vor dem Servieren die restlichen Bananen in einer Schüssel mit einer Gabel zerdrücken. Die Kastenform aus dem Kühlschrank nehmen, stürzen und das Schokoladenkonfekt in Scheiben schneiden. Auf 8 Teller verteilen, das Bananenpüree darübergeben und servieren.

Baiser-Eis

Baiser-Eis ist eine wahre Köstlichkeit. Mit Erdbeeren serviert ein Hochgenuss. Allerdings stellt die Zubereitung eine gewisse Herausforderung für den Hobby-Konditor dar, denn die Verbindung aus heiß und kalt erfordert ein wenig Geschick. Dennoch lohnt sich ein Versuch – Ihre Gäste werden es Ihnen danken.

Für 4 Personen

- 500 g Erdbeeren
- 3 Eiweiß
- 50 g Zucker
- 1 l Vanilleeis
- Schokoladensoße

Den Grill im Ofen vorheizen. Die Erdbeeren waschen, trockentupfen, putzen und in eine Schüssel legen.

Die Eiweiße mit dem Handrührgerät zu steifem Schnee schlagen, dabei den Zucker einrieseln lassen.

Das Eis in eine große Auflaufform legen und ringsum mit dem Eischnee bestreichen. Die Form in den Ofen stellen und den Baiser grillen, bis er goldbraun ist. Die Form aus dem Ofen nehmen, das Baiser-Eis in Scheiben schneiden und mit Schokoladensoße beträufeln. Die Erdbeeren dazu reichen.

Tipp: Natürlich können Sie Baiser-Eis auch mit anderen Eissorten zubereiten. Besonders hübsch sieht es aus, wenn es in Backförmchen gegrillt wird.

Schokoladenravioli auf Erdbeersoße

Ravioli mit Fleisch-, Spinat- oder Käsefüllung, dazu Tomatensoße – diese Kombination ist allseits bekannt. Wir haben mal etwas anderes ausprobiert, ein völlig neuer Eindruck für die Geschmacksnerven ist bei diesem Rezept garantiert.

Für 4 Personen

- 250 g Erdbeeren
- 40 g Puderzucker
- 2 Esslöffel Zitronensaft
- 12 rechteckige Wan-Tan-Blätter
- 1 kleines Glas Nuss-Nugat-Creme

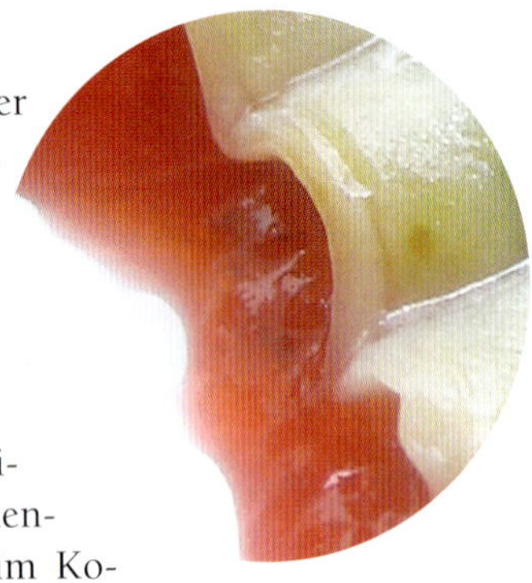

Die Erdbeeren waschen, putzen und im Mixer pürieren. Das Püree mit dem Zucker und dem Zitronensaft in einer Schüssel verrühren.

Die Wan-Tan-Blätter halbieren. Auf jedes Rechteck in die Mitte 1 Teelöffel Nuss-Nugat-Creme setzen. Die Teigränder mit Wasser einpinseln. Die Rechtecke zu Dreiecken falten und die Teigränder gut zusammendrücken, damit die Nuss-Nugat-Creme beim Kochen nicht herausläuft.

Reichlich Wasser in einem großen Topf zum Kochen bringen. Die Schokoladenravioli hineingeben und ca. 3 Minuten garen. Mit einem Schaumlöffel herausheben.

Die Erdbeersoße auf 4 Teller verteilen, die Ravioli daraufsetzen und sofort servieren.

Schokoladenfondue mit Fruchtspießen

»Mama, krieg ich Schokofrüchte?« Um diese Frage werden Sie bei einem Volksfestbesuch kaum herumkommen. Auch wenn Sie die Aufmerksamkeit Ihrer Sprösslinge betont auf andere Attraktionen lenken, irgendwann fällt der Blick auf den Stand mit den köstlichen, mit Schokolade überzogenen Früchten. Und dann ist sie fällig, die Frage. Bei unserem Schokoladenfondue verwenden wir statt geschmolzener Schokolade Nuss-Nugat-Creme und schmuggeln Marshmallows unter die Früchte.

Für 4 Personen

- 2 Bananen
- 4 Klementinen
- 1 Tüte Marshmallows
- 400 g Nuss-Nugat-Creme

Bananen und Klementinen schälen. Die Bananen in dicke Scheiben schneiden. Die Klementinen in Segmente zerteilen.

Abwechselnd eine Bananenscheibe, ein Klementinensegment und ein Marshmallow auf Schaschlikspieße stecken.

Die Nuss-Nugat-Creme in eine Schüssel geben und im heißen Wasserbad schmelzen. Den Topf auf eine Warmhalteplatte oder über das Fonduestövchen stellen. Die Fruchtspieße in die Nuss-Nugat-Creme tauchen und genießen.

Tipp: Wenn Sie Bananen und Klementinen nicht so gern mögen, probieren Sie es doch mal mit Äpfeln, Erdbeeren, Weintrauben …

Riesenmuschel mit geschmolzenen Bonbons

Kennen Sie süße Schleckmuscheln? Diese Plastikmuschelhälften, die mit Bonbonmasse gefüllt sind? Ja, genau die, die einem beim Schlecken das Kinn verkleben. Haben Sie nicht Lust diesen süßen Traum aus Kindertagen mal selbst zu machen? Na, dann los!

Für 2 Riesenmuscheln

- 2 Jakobsmuschelschalen
- Bonbons nach Wahl
- 1 Lakritzschnecke

Kaufen Sie beim Fischhändler Jakobsmuschelschalen. Schauen Sie anschließend im Supermarkt vorbei und greifen Sie wie ein Kind ungehemmt ins Süßwarenregal. Nehmen Sie einfach die Packungen, die Sie spontan ansprechen – es geht um den Spaß am Ausprobieren.

Füllen Sie die Muschelschalen mit bunten Bonbons, die Sie mit der abgerollten Lakritze voneinander trennen können.

Setzen Sie die gut gefüllten Muschelschalen auf ein mit Backpapier ausgelegtes Backblech und backen Sie die Bonbons im vorgeheizten Ofen ca. 10 Minuten, bis sie geschmolzen sind. Nehmen Sie die Schleckmuscheln aus dem Ofen und lassen Sie sie abkühlen.

Tipp: Harte Bonbons, säuerlich und leicht durchsichtig, schmelzen am besten. Sie passen sich perfekt der Muschelform an. Weiche und eher undurchsichtige Bonbons lassen sich auch verwenden, schmelzen allerdings weniger gut. Schaumerdbeeren beispielsweise sind für unseren Zweck schon ein wenig enttäuschend. Sie quellen auf, schmelzen aber nicht.

Vanille-Vulkan über Cola-See

Ein schnelleres Rezept als dieses gibt es vermutlich nicht. Ein merkwürdigeres wahrscheinlich auch nicht. Und ein geschmacklich raffinierteres? Gut, ähm, zugegeben, ja! Deshalb haben wir auch nur die Zutaten für eine Portion angegeben. Am besten, Sie führen zunächst einmal einen Selbstversuch durch, bevor Sie das »Gericht« Ihren Freunden vorsetzen. Wenn Sie sich eher für kulinarische Aspekte als für spektakuläre chemische Reaktionen begeistern können, verrühren Sie einfach das Eis mit der Cola und servieren Sie es »im Ruhezustand« mit den Karamellstückchen.

Für 1 Person
- 1 Karamellbonbon
- 1 Glas Cola
- 1 Kugel Vanilleeis

Das Karamellbonbon in kleine Stücke schneiden. Die Cola in einen tiefen Teller gießen. Das Vanilleeis daraufsetzen.

Jetzt beginnt das Spektakel: Die Cola fängt zu blubbern an und verwandelt das Eis allmählich in eine Art Schaumspeise.

Die Bonbonstückchen über den Vanille-Vulkan streuen. Fertig!

Tipp: Ersetzen Sie den Teller mal durch ein Glas. Die sprudelnde Mischung steigt bis zum Rand.

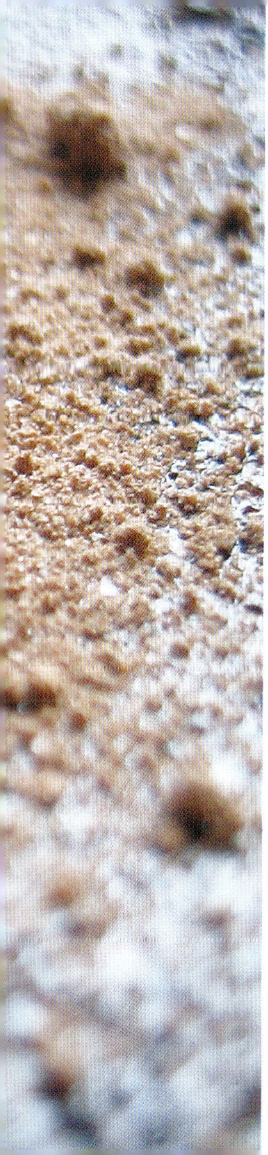

Weiche Erinnerungen

Kindheitserinnerungen

Meine Mutter hatte sehr viel Fantasie. Wenn sie Armen Ritter kochte, nannte sie ihn »Cowboy-Toast«. Natürlich glaubte ich ihr und der Nachtisch schmeckte noch mal so gut. Heute muss ich jedes Mal schmunzeln, wenn ich Armen Ritter esse, und dabei an die Cowboys in der Prärie denken. **Simon, 31 Jahre, Bankangestellter**

Meine erste Liebeserklärung hab ich von Natalie bekommen, geschrieben auf den Tellerrand mit Buchstaben aus der Buchstabensuppe. Wir waren beide 8 Jahre alt, ihre Mutter hatte mich eingeladen und ich war ziemlich verwirrt. **Martin, 45 Jahre, Bibliothekar**

Ich wollte einfach nicht essen. Mein Bruder dagegen verdrückte immer gleich die doppelte Portion. Also schnitt ich Grimassen oder quäkte am Tisch, bis ihm die Freude am Essen verging, selbst an seinem geliebten Kartoffelpüree. **Marie, 37 Jahre, Korrespondentin**

Ich habe nie wieder so viel gekocht wie zu meiner Schulzeit. Sobald ich nach Hause kam, machte ich mir ein paar Pfannkuchen. Die waren nicht nur ruck, zuck fertig, sondern schmeckten auch noch köstlich. Apfelmus drauf, aufgerollt und aufgefuttert. Leckerschmecker!
Sebastian, 32 Jahre, Komiker

Meine Oma war für mich die beste Köchin der Welt. Die selbst gekochte Nudelsuppe – ein Traum, die Frikadellen – ein Gedicht, die Schokotörtchen und der Vanillepudding – unschlagbar. Ich fühlte mich jedes Mal wie im Schlaraffenland. **Christine, 43 Jahre, Hausfrau**

Wodka-Kaugummi-Cocktail

Wer macht die größten Kaugummiblasen? Ein weit verbreiteter Wettbewerb unter Freunden. Wir haben uns überlegt, wie wir das klebrige Blasenwunder, das man nicht hinunterschlucken soll, in ein Rezept einfügen könnten. Hier ist das Ergebnis. Der Kaugummi wird in den Alkohol eingelegt und schon nimmt das Getränk seinen unnachahmlichen Geschmack an. Die technoartige, elastische Arabeske macht das Getränk zu einem echten Hingucker. Ihre Gäste werden staunen.

Für 1 Glas

- 6 cl Wodka
- 1 Teelöffel Puderzucker
- 2 Kaugummi mit Fruchtgeschmack

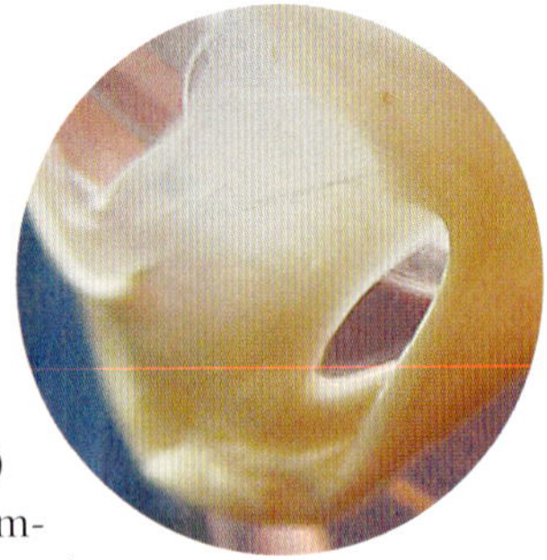

Den Wodka in ein Glas mit Schraubverschluss oder in einen Shaker gießen. Den Zucker dazugeben. Gut schütteln, damit sich der Zucker auflöst.

Die Kaugummi in die Mischung legen und mindestens 24 Stunden (besser mehrere Tage) im Wodka einlegen, dabei von Zeit zu Zeit umrühren. Der Kaugummi verliert dabei seine Farbe und bricht ein wenig auf.

Die Wodka-Kaugummi-Mischung durch ein Sieb gießen und auffangen. In ein Glas füllen, und den Kaugummi dekorativ über den Glasrand ziehen.

Schinkenmus auf Champignons

Schinkenpüree gehört zu jenen, in Gläschen verkauften Fertiggerichten, in deren Genuss unsere Kleinen schon sehr früh kommen. Zugegeben, für unsere Variante müssen die Kids schon etwas größer sein, denn ohne Zähne ist in diesem Fall nichts zu machen. Doch genug geredet: Häppchenzeit!

Für 6 Personen

- 250 g kleine Champignons
- 1 Scheibe Schinken
- 2 Esslöffel Mascarpone
- 1 Teelöffel Senf
- 3 grüne Salatblätter
- 20 Schnittlauchstängel
- 1 Esslöffel Sherryessig
- 3 Esslöffel Walnuss- oder Erdnussöl

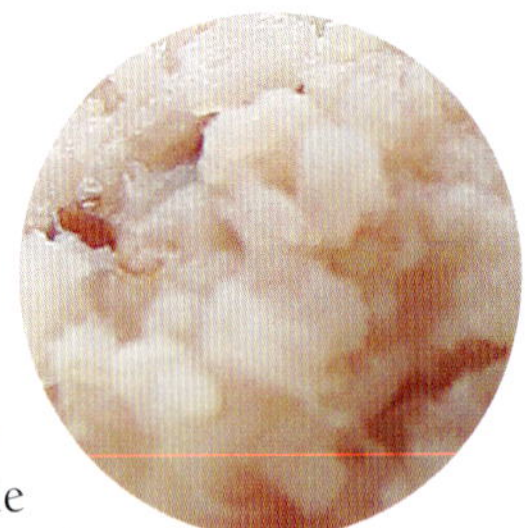

Die Champignonstiele abdrehen. Die Köpfe mit Küchenpapier abreiben. Den Schinken mit dem Mascarpone und dem Senf im Mixer pürieren. Die Salatblätter in mundgerechte Stücke zupfen. Je 1 Stück Salat und 1 Esslöffel der Schinkenmasse auf jeden Pilzkopf setzen. Die Schnittlauchstängel über Zahnstocher schieben und in das Schinkenmus-Salat-Pilz-Häppchen stecken.

Essig und Öl in einer Schüssel vermischen. Die Häppchen damit beträufeln und servieren.

Pikante Käsebällchen

Frischkäse in Kugelform gefällt kleinen Gourmets sicherlich viel besser als die rechteckigen Varianten dieses Produkts – nicht nur, weil man die Bällchen über den Teller rollen kann. Die Gewürz-, Kräuter- oder Körnerkruste mundet auch dem erwachsenen Feinschmecker. Alles in allem zeichnen sich die bunten Kügelchen durch ihre Festigkeit aus. Sie schmelzen im Mund und nicht auf der Servierplatte.

Für 24 Käsebällchen

- 500 g Frischkäse
- 24 Rosinen

Nach Wahl:

- Gewürze: Paprika, Curry …
- Kräuter: Dill, Schnittlauch …
- Körner: Sesam, Kümmel…

Aus dem Frischkäse 24 Käsebällchen mit Rosinenfüllung formen.
Kräuter, Gewürze und Körner auf Teller streuen und die Frischkäsebällchen darin wälzen.

Tipp: Servieren Sie die Frischkäsebällchen als Appetithäppchen oder auf einer Käseplatte.

Gefüllte Trockenfrüchte

»Süß trifft pikant«, lautet das Motto dieses Rezepts. Wir haben aus dem Klassiker, mit Marzipan gefüllte Früchte, eine würzige Version gezaubert. Die süßen Früchtchen haben es im wahrsten Sinne des Wortes in sich.

Für 24 Früchte

- 24 Trockenfrüchte (Aprikosen, Datteln, Pflaumen, Feigen ...)
- 100 g Streichwurst (Mettwurst, Leberwurst, Geflügelpastete ...)
- grobes Salz
- frisch gemahlener Pfeffer

Mit einem scharfen Messer vorsichtig eine Tasche in die Trockenfrüchte schneiden. Die Steine entfernen. Die Früchte dämpfen, damit sie aufgehen. Die Fruchttäschchen mit Wurst füllen und mit Salz und Pfeffer würzen.

Gebackener Camembert

Es gibt Gerichte, die man als Kind nicht um alles in der Welt essen wollte. Berühmtestes Beispiel ist vermutlich der Spinat, an zweiter Stelle rangiert in den meisten Fällen Spargel. Als Erwachsener sieht man das – wie so vieles – ganz anders. Da entdeckt man mit einem Mal seine Vorliebe für bislang verschmähte Speisen und schon stehen Spinat und Spargel wieder an erster und zweiter Stelle, allerdings im positiven Sinn.

Für 4 Personen

- 2 Esslöffel Sherry- oder Apfelweinessig
- 2 Teelöffel Senf
- 1 Prise Salz
- 10 Esslöffel Öl
- 200 g grüner Salat
- 1 Ei
- 100 g Paniermehl
- 4 kleine Camemberts
- 20 Kirschtomaten

Für die Vinaigrette den Essig mit dem Senf und dem Salz in einer Schüssel vermischen. 6 Esslöffel Öl unterrühren.

Den Salat putzen, waschen, trockenschütteln und in mundgerechte Stücke zupfen.

Das Ei in einem tiefen Teller verquirlen. Das Paniermehl auf einen Teller streuen.

Die Camemberts im Ei und anschließend im Paniermehl wenden.

Das restliche Öl in einer Pfanne auf mittlerer Stufe erhitzen. Die Camemberts darin von beiden Seiten jeweils 3 bis 4 Minuten goldbraun braten.

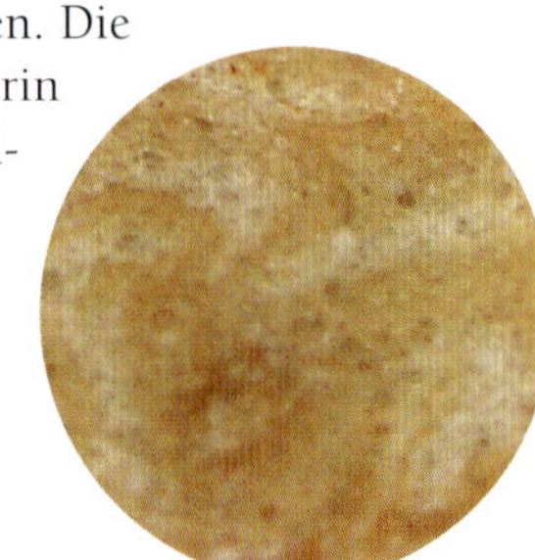

Den Salat mit der Vinaigrette vermischen und auf 4 Teller verteilen. Die Camemberts auf den Salat legen, mit den Kirschtomaten garnieren und sofort servieren.

Armer Ritter mit Räucherlachs

Um die Brotvorräte in Notzeiten zu schonen, fand der Arme Ritter in vielen Ländern Eingang in den (eher kargen) Speiseplan. Bei allen Varianten dieses Rezepts haben wir festgestellt, dass sich Weißbrot oder ein Hefezopf am besten als Grundlage für den Armen Ritter eignet. Die jungen Leute schätzen an dem Gericht einen gewissen Luxus, der sich durch delikate Zutaten auf der einfachen Basis aus Brot, Milch und Ei ergibt. Räucherlachs etwa lässt den Armen Ritter einige Stufen auf der Beliebtheitsskala nach oben klettern.

Für 2 Personen

- 4 Dillstängel
- 100 g Crème fraîche
- 2 große Scheiben Räucherlachs
- 4 Scheiben Toastbrot
- 1 Ei
- 200 ml Milch
- 10 g Butter
- Salz
- frisch gemahlener Pfeffer

Den Dill bis auf einen Stängel (der in 4 Stücke geschnitten und beiseite gelegt wird) klein hacken und mit der Crème fraîche in einer Schüssel verrühren.

Die Räucherlachsscheiben halbieren. Die Rinde von den Toastscheiben entfernen. Das Ei in einem tiefen Teller verquirlen. Die Milch in einen tiefen Teller gießen. Die Toastscheiben erst in der Milch, dann im Ei einweichen.

Die Butter auf mittlerer Stufe in einer Pfanne erhitzen. Die Brotscheiben darin 2 bis 3 Minuten von beiden Seiten goldbraun rösten. Salzen, pfeffern und auf 2 Teller legen. Den Räucherlachs darauflegen, mit dem beiseite gelegten Dill garnieren und die Armen Ritter mit der Dillcreme servieren.

Salzige Pfannkuchentorte

Pfannkuchen – wer liebt sie nicht? Knusprig braun, mit Puderzucker bestäubt und mit Apfelmus, Marmelade oder Nuss-Nugat-Creme gefüllt. Das sind die Klassiker. Wir haben uns an eine würzige Variante gewagt, die etwas von einem riesigen Hamburger hat.

Für 2 Personen

Für die Pfannkuchen:

- 80 g Mehl
- 80 ml Milch
- 1 Ei
- 2 Esslöffel Öl
- 1 Prise Salz

Für den Belag:

- 10 Schnittlauchstängel
- 1 kleine Zwiebel
- 4 Esslöffel Quark
- 1 Esslöffel Essig
- Salz
- frisch gemahlener Pfeffer
- 200 g Ziegenkäse
- 2 Scheiben Kochschinken
- 100 g Salatblätter

Das Mehl, die Milch, 80 ml Wasser, das Ei, das Öl und das Salz mit dem Schneebesen in einer Schüssel zu einem flüssigen Teig verrühren und 1 Stunde ruhen lassen.

Den Schnittlauch in kleine Röllchen schneiden. Die Zwiebel abziehen und klein hacken. Den Quark, den Essig, die Zwiebelringe und den Schnittlauch in einer Schüssel verrühren. Salzen und pfeffern.

Etwas Öl in einer Pfanne erhitzen. Eine Kelle Teig hineingeben und den Pfannkuchen auf beiden Seiten goldgelb backen. Herausnehmen und auf Küchenpapier abtropfen und abkühlen lassen. Auf diese Weise weitere 2 Pfannkuchen backen.

Die Pfannkuchen übereinanderschichten, dabei als Zwischenschicht jeweils Ziegenkäse mit Salat und Schinken mit Salat einfügen. Mit einem Pfannkuchen abschließen, darüber die Quarkmischung verteilen und die Torte sofort servieren.

Entenbrust mit Orangenmarmelade

Kaum eine Fleischsorte kann man so gut mit fruchtigen Beilagen kombinieren wie Entenfleisch. Das Original, die Orangen-Ente, lässt sich vielfach abwandeln. Bei unserem Rezept müssen Sie nur noch das Marmeladenglas öffnen.

Für 2 Personen

- 1 Entenbrust
- Salz
- frisch gemahlener Pfeffer
- 1 Orange
- 8 Esslöffel Orangenmarmelade
- 4 Esslöffel Apfelweinessig

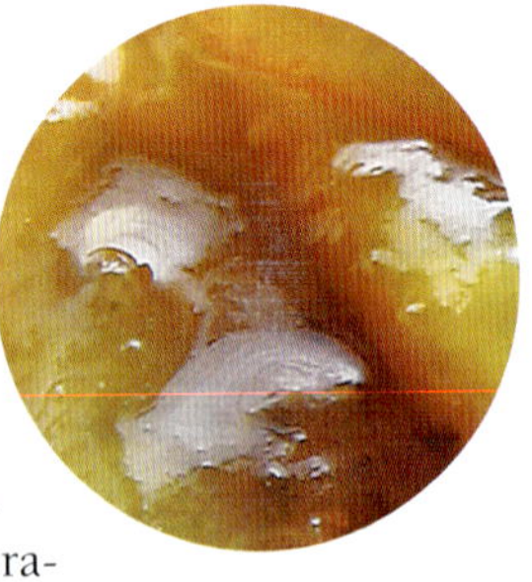

Die Haut der Entenbrust mit dem Messer rautenförmig einschneiden. Eine beschichtete Pfanne auf höchster Stufe erhitzen. Die Entenbrust mit der Hautseite nach unten hineinlegen. Salzen, pfeffern und 5 Minuten braten. Die Temperatur reduzieren. Das Fett abgießen und die Entenbrust weitere 5 Minuten braten. Wenden und auch die andere Seite 5 Minuten braten. Salzen und pfeffern. Die Entenbrust aus der Pfanne nehmen, in Alufolie wickeln und vor dem Anschneiden 10 Minuten ruhen lassen.

Inzwischen die Orange auspressen. Den Saft, die Marmelade und den Essig in einem kleinen Topf vermischen und bei mittlerer Hitze unter Rühren allmählich erwärmen. Die Soße auf 2 Teller verteilen, die Entenbrust in Scheiben schneiden und daraufsetzen.

Thunfisch-Hamburger mit Honig und Ingwer

Thunfisch ist gut, Ingwer noch besser. Gemeinsam verwandeln sie klassische Hamburger in außergewöhnliche Sandwiches, die hervorragend zu Süßkartoffel-Pommes (Seite 50) schmecken. Damit stecken Sie jedes Fast-Food-Restaurant in die Tasche.

Für 4 Personen

- 10 g Ingwer
- 4 Esslöffel Honig
- 1 Esslöffel Senf
- 2 Teelöffel Balsamico
- 4 kleine Zwiebeln
- 20 Korianderblättchen
- 500 g Thunfischfilet
- 1 Zitrone
- Salz
- frisch gemahlener Pfeffer
- 2 Handvoll Rucola
- 4 Hamburgerbrötchen
- 3 Esslöffel Olivenöl

Den Ingwer schälen und in Streifen schneiden. Den Honig, den Senf, den Essig und den Ingwer in einem Topf mischen. Bei milder Hitze aufkochen und 5 Minuten köcheln lassen. Den Topf vom Herd nehmen, die Mischung abkühlen lassen und den Ingwer herausnehmen.

Die Zwiebeln schälen und in dicke Ringe schneiden. Den Koriander klein hacken.

Den Thunfisch mit einem Messer oder im Mixer zerkleinern. Die Zitrone auspressen. Thunfisch, Zitronensaft und Koriander in einer Schüssel vermischen. Salzen und pfeffern. Aus der Mischung 4 Hamburger formen.

Den Rucola waschen und trockentupfen. Die Brötchen im Backofen rösten, halbieren und mit dem Rucola belegen.

Das Öl in einer Pfanne auf mittlerer Stufe erhitzen. Die Thunfischsteaks darin 3 bis 4 Minuten von jeder Seite braten. Herausnehmen und auf den Rucola legen. Die Thunfischsteaks mit der Honigsoße beträufeln, darüber die Zwiebelringe legen und darauf die zweite Brötchenhälfte setzen.

Kalbsrouladen mit Schinken im Lakritznetz

Bei diesem Rezept ist die Lakritze nicht nur Geschmacksträger, sondern erfüllt auch noch eine wichtige Funktion: Sie hält die Kalbsrouladen zusammen. Die Jüngsten und die Junggebliebenen werden bei Tisch staunen.

Für 2 Personen

- 2 Lakritzschnecken
- 2 dünn geschnittene Kalbsschnitzel
- 2 Scheiben roher Schinken
- 2 Esslöffel Öl
- Salz
- frisch gemahlener Pfeffer
- 100 g Schlagsahne
- 1 kleines Stück Lakritzstange
- Estragonblättchen

Die Lakritzschnecken abrollen. Die Kalbsschnitzel mit Frischhaltefolie abdecken und mit dem Handballen flach drücken.

Je 1 Scheibe Schinken auf die Schnitzel legen und diese zu Rouladen aufrollen. Die Rouladen mit den Lakritzsträngen umwickeln.

Das Öl in einer Pfanne auf mittlerer Stufe erhitzen. Die Rouladen darin ringsum anbraten. Salzen und pfeffern. Das Fleisch weitere 10 Minuten braten, vorsichtig wenden und nochmals 10 Minuten braten.

Inzwischen die Schlagsahne in einem kleinen Topf mit der Lakritzstange erhitzen. Die Lakritzstange aus dem Topf nehmen, sobald sie die Sahne eingefärbt und ihren Geschmack abgegeben hat.

Die Soße auf 2 Teller verteilen, die Rouladen darauflegen, mit Estragonblättchen garnieren und servieren.

Püree-Pfannkuchen mit Käse

In Kindermärchen dienen Zauberstäbe meist dazu, in Sekundenschnelle alltägliche Dinge in etwas Wunderbares zu verwandeln. Im Nu wird so beispielsweise aus einem Kürbis eine Kutsche. Also, schwingen wir den Kochlöffel und tun wir es den Feen und Zauberern gleich: Aus einem einfachen Püree lassen sich wunderbare kleine Pfannkuchen zaubern, goldgelb und knusprig. Wir haben es am Familientisch selbst ausprobiert. Versetzen Sie Ihre Lieben in Erstaunen!

Für 4 Personen

- 350 ml Milch
- 125 g Püreeflocken
- 200 g geriebener Emmentaler
- 2 Eier
- Salz
- frisch gemahlener Pfeffer
- 3 Esslöffel Öl

Die Milch in einem Topf bei mittlerer Hitze aufkochen. Den Topf vom Herd nehmen und die Püreeflocken unterrühren.

Den Topf wieder auf den Herd stellen. Den Emmentaler und die Eier unterrühren. Mit Salz und Pfeffer abschmecken, einige Minuten unter gelegentlichem Rühren kochen und abkühlen lassen.

Etwas Öl in einer Pfanne auf höchster Stufe erhitzen. Das Püree zu kleinen Fladen formen und portionsweise in der Pfanne jeweils 3 bis 4 Minuten auf jeder Seite goldgelb braten. Heiß servieren.

Schokoladenkuchen mit Kakaopulver

Milch in einem Topf erhitzen. Kakao und etwas Zucker in eine Tasse geben, die Milch darübergießen und fertig ist eines der beliebtesten Kindergetränke. Aber mit Kakao lässt sich noch viel mehr machen. So wie bei diesem Rezept, bei dem wir das braune Gold in einen köstlichen Schokoladenkuchen verwandelt haben.

Für 6 Personen

- 20 g Butter
- 250 g Mürbeteig
- 200 g Schlagsahne
- 200 g Kakaopulver
- 1 Ei
- Schokoraspel

Den Ofen auf 180 °C (Gas: Stufe 2) vorheizen.

Eine Obstkuchenform mit der Butter einstreichen. Den Teig in die Form legen und den Boden mehrmals mit einer Gabel einstechen. Die Form in den Ofen schieben und den Boden etwa 10 Minuten backen. Herausnehmen und abkühlen lassen.

Die Sahne mit dem Kakaopulver in einem Topf verrühren, auf mittlerer Stufe unter Rühren zum Kochen bringen und die Mischung 3 Minuten köcheln lassen. Abkühlen lassen und 1 Ei unterschlagen.

Diese Mischung auf den Kuchenboden streichen und alles weitere 15 Minuten backen. Aus dem Ofen nehmen, abkühlen lassen und mit Schokoraspeln dekorieren.

Käsekuchen mit Erdbeeren

Ein internationales Rezept, inspiriert von den amerikanischen Cheesecakes und verfeinert mit belgischen Spekulatiuskrümeln. Die Erdbeeren machen den Kuchen nicht nur fruchtig, sondern sorgen auch für ein wenig Farbe. Diesem Käsekuchen kann kaum jemand widerstehen.

Für 4 Personen

- 80 g Spekulatius
- 25 g Butter
- 250 g Frischkäse
- 250 g Erdbeeren
- 1 Ei
- 100 ml Erdbeersirup

Den Ofen auf 180 °C (Gas: Stufe 2) vorheizen.

Die Spekulatius in Stücke brechen, im Mörser zerkleinern und in eine Schüssel geben.

Die Butter in einer Pfanne bei milder Hitze zerlassen und mit den Kekskrümeln vermischen. Die Mischung in einer Springform (ca. 18 cm Durchmesser) verteilen und gut andrücken.

Den Frischkäse, das Ei und den Erdbeersirup in einer Schüssel verrühren. Die Mischung auf den Kuchenboden streichen. Den Kuchen in den Ofen schieben und 45 Minuten backen. Abkühlen lassen und vorsichtig aus der Backform lösen.

Die Erdbeeren waschen, trockentupfen, putzen und in feine Scheiben schneiden. Den Käsekuchen damit belegen und servieren.

Brioche mit Konfitüre und Schlagsahne

Diese Brioche scheint direkt aus einem Comic oder einem Zeichentrickfilm entsprungen zu sein. Schicht auf Schicht wächst sie in die Höhe, ein süßer Traum, warm, weich und cremig. Vielleicht wohnen darin ja die Schlümpfe oder die sieben Zwerge, da möchte man gern Schneewittchen sein …

Für 4 Personen

- 1 kleiner Hefezopf
- 30 g Butter
- 300 g Schlagsahne
- 1 Glas Konfitüre (Erdbeere, Himbeere, Aprikose …)

Den Hefezopf in dicke Scheiben schneiden. Etwas Butter bei milder Hitze in einer Pfanne zerlassen. Einen Teil der Hefezopfscheiben hineinlegen und von beiden Seiten goldgelb rösten. Herausnehmen und auf Küchenpapier abkühlen lassen. Den Vorgang wiederholen, bis alle Kuchenscheiben geröstet sind.

Die Sahne mit dem Handrührgerät in einer Schüssel steif schlagen. Eine Scheibe Hefezopf auf einen Teller legen und mit Konfitüre bestreichen. Darauf die nächste Kuchenscheibe setzen und mit Sahne bestreichen. Darauf wiederum eine Kuchenscheibe legen. Diesen Vorgang wiederholen, bis alle Zutaten aufgebraucht sind.

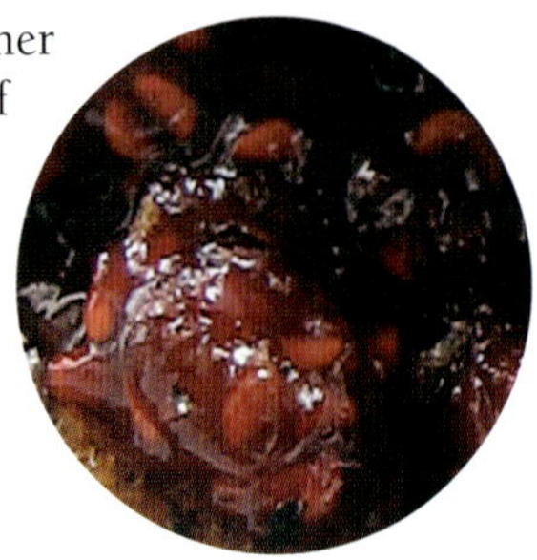

Zitronenkuchen mit Marshmallows

Sie meinen also, das im Backofen sei eine herkömmliche Baisertorte? Falsch geraten! Haben Sie als Kind je am Lagerfeuer Marshmallows gegrillt? Diese wunderbare Sünde, die so weich und süß ist und an unbeschwerte Kindertage erinnert? Dann werden Sie diesen Kuchen lieben.

Für 4 Törtchen

- 250 g Mürbeteig
- 4 Zitronen
- 200 g Butter
- 240 g Zucker
- 4 Eier
- 4 Eigelb
- etwa 20 Marshmallows

Den Ofen auf 180 °C (Gas: Stufe 2) vorheizen. Eine Obstkuchenform mit Backpapier auslegen.

Die Form mit dem Mürbeteig auskleiden und den Boden mehrmals mit einer Gabel einstechen. Den Kuchenteig 20 Minuten im Ofen goldbraun backen, herausnehmen und abkühlen lassen.

Die Zitronen auspressen. Den Zitronensaft mit der Butter, dem Zucker, den Eiern und den Eigelben in einem Topf verrühren und auf mittlerer Stufe unter ständigem Rühren 7 bis 10 Minuten erhitzen (nicht aufkochen), bis die Mischung eindickt. Kurz aufkochen, in eine Schüssel gießen und im Kühlschrank abkühlen lassen.

Die kalte Zitronencreme auf dem Kuchenboden verstreichen. Die Marshmallows halbieren und auf der Creme verteilen. Den Ofen auf Grillstufe stellen. Den Kuchen 2 bis 3 Minuten darin backen, bis die Marshmallows goldbraun geworden sind. Sofort servieren.

Butterkekskugeln

Bei der Zubereitung dieses Rezepts werden Sie sich vor freiwilligen Helfern gar nicht retten können. Wer will es schon verpassen, mit Teig zu mantschen und kunterbunte Leckerbissen zu dekorieren.

Für 8 Personen

- 1 Packung Butterkekse
- 200 g Butter
- 200 g Puderzucker
- 1 Tasse heißer, starker Kaffee
- 250 g Haselnüsse

Zum Dekorieren:

- Kakaopulver
- Sesam
- Mohn
- Hagelzucker
- gemahlener Zimt
- geriebene Mandeln
- Puderzucker
- Liebesperlen
- …

Die Kekse in kleine Stücke zerbröseln und in eine Schüssel geben. Die Butter in einem Topf bei mittlerer Hitze zerlassen und den Zucker darin auflösen. Die Mischung unter die Kekse rühren. So viel Kaffee unterrühren, dass eine glatte Masse entsteht.

Eine Kastenform mit Alufolie oder Backpapier auskleiden (damit man die Masse nach dem Kühlen leichter herausnehmen kann) und die Mischung hineingeben. 12 Stunden im Kühlschrank ruhen lassen.

Die Masse aus der Form stürzen und kleine Stücke davon abnehmen. Jeweils eine Haselnuss in die Mitte jedes Stücks drücken und daraus eine kleine Kugel formen. Den Vorgang wiederholen, bis die Masse aufgebraucht ist.

Die Kugeln im gewünschten Dekor wälzen und servieren.

Grießbrei mit Apfel-Rosinen-Cocktail

Grießbrei, die Mutter aller Kinderbreie, gehört zu den ersten Nahrungsmitteln, mit denen der zarte Babygaumen in Berührung kommt. Wobei nicht alle Babys gleichermaßen von dem ungewohnten Geschmack begeistert sind, weshalb es durchaus vorkommen kann, dass von dem Brei mehr an der Wand als in Babys Mund landet.

Für 4 Personen

- 2 Zitronen
- 400 ml Apfelsaft
- 150 g Grieß
- 2 Äpfel
- 30 g Butter
- 50 g Rosinen
- 2 Esslöffel Honig
- 1 Teelöffel gemahlener Zimt

Die Zitronen auspressen. Apfel- und Zitronensaft in einer Schüssel mischen und den Grieß unterrühren. Die Schüssel in den Kühlschrank stellen und den Grieß mindestens 3 Stunden quellen lassen. Dabei von Zeit zu Zeit mit einer Gabel umrühren.

Die Äpfel schälen, halbieren, das Kerngehäuse entfernen und das Fruchtfleisch in Würfel schneiden. Die Butter in einer Pfanne bei milder Hitze zerlassen. Die Apfelwürfel darin unter Rühren dünsten. Die Rosinen und den Honig dazugeben. Alles unter Rühren weitere 10 Minuten dünsten.

Den Grießbrei aus dem Kühlschrank nehmen und die Früchte darübergeben. Mit Zimt bestäuben und servieren.

Schokomuffins

Die Mischung aus Schokolade, Minzesirup und Sahne schmeckt so köstlich, dass wir uns beinahe wie die Kinder um die letzten Reste auf dem Teller gestritten hätten.

Für 6 Muffins
- 50 g Mehl
- 2 Eier
- 100 g Puderzucker
- 100 g Butter
- 140 g Zartbitterschokolade
- 200 g Schlagsahne
- 5 Esslöffel Minzesirup
- 6 Minzeblättchen

Den Ofen auf 150 °C (Gas: Stufe 2) vorheizen.

Das Mehl bis auf 1 Esslöffel mit den Eiern und dem Zucker in einer Schüssel verrühren.

90 g Butter mit der Schokolade in einen Topf geben und bei milder Hitze unter Rühren schmelzen. Die Mischung unter den Teig rühren, sodass eine homogene Masse entsteht.

6 Muffinförmchen mit der restlichen Butter einstreichen und mit dem übrigen Mehl bestäuben. Den Teig darin verteilen und die Muffins 20 Minuten im Ofen backen. Herausnehmen und abkühlen lassen.

Die Sahne steif schlagen. Den Minzesirup unterrühren. Die Muffins aus den Förmchen lösen und mit der Sahne-Minze-Mischung sowie je einem Minzeblättchen garnieren.

Tipp: Wenn Sie einen großen Kuchen backen möchten, verdoppeln Sie einfach die Zutatenmenge und füllen den Teig in eine gefettete Kastenform.

Alphabetisches Rezeptregister

Schatz, machst du mir ein Schokoladenbrot?

Eine kulinarische Reise durch die Kindheit

Text: Nicole Seeman und Raphaële Vidaling
Fotos: Raphaële Vidaling

DÖRFLER · VERLAG

Inhalt

Einleitung

Sie sind bekennender Nostalgiker? Dann liegen Sie voll im Trend. Nicht nur die Romantiker des 19. Jahrhunderts kultivierten die Sehnsucht nach Vergangenem und liebten die süße Melancholie. Auch im 21. Jahrhundert ist Nostalgie in, wenn sie auch gelegentlich mit humorvoller Ironie bedacht wird.

Selbst die Psychoanalyse befasst sich mit dieser Thematik. Natürlich ist uns bewusst, dass wir dem Kleinkindalter entwachsen sind, aber manchmal verspüren auch Erwachsene kindhafte Triebe. Der Soziologe Gérard Mermet bemerkt dazu: »Kindliche Verhaltensweisen finden Ausdruck in der Lust, besonders große Bonbons zu lutschen, in der Vorliebe für Kinderserien aus den 1980er-Jahren, im Kauf unzähliger Stofftiere oder des neusten Tretrollers, in der Freude an Videospielen und virtuellen Welten, denn die Realität ist schwierig, gefährlich und bedrohlich. Um die Probleme des Alltags zu vergessen, veranstalten diese großen Kinder wahre Krümelmonster-Abende und sehen sich dazu Zeichentrickserien aus den 1980ern an … Dieses Verhalten ist gleichbedeutend mit einer Suche nach der eigenen Kindheit, die oft als Ideal betrachtet wird, da sie zumeist von sorgen- und entscheidungsfreien Momenten geprägt war.«

Soll das also heißen, dass unsere Generation aus Nesthockern besteht, die sich weigern, Mamas Rockzipfel loszulassen, so wie die Protagonisten in den Familienfilmen, die 30 Jahre alt sind? Bedeutet Nostalgie etwa das Gegenteil von Erwachsensein? Die Beantwortung dieser Fragen überlassen wir getrost den Soziologen oder sonstigen Experten auf diesem Gebiet.

Wir beide sind ja eher kulinarisch und (vielleicht noch) ein wenig literarisch bewandert. Marcel Proust jedenfalls wäre wohl kaum auf eine 80er-Jahre-Party gegangen, um dort Madeleines in seinen Kaffee zu tunken und dabei auf der Suche nach der verlorenen Zeit einen Sprung zu den Wurzeln seiner Identität zu erleben.